破解
中国经济十大难题

中国人民大学重阳金融研究院　著

人民出版社

目 录

导　论
理解政府工作报告的方法论

2017 年《政府工作报告》指出："宏观调控面临多难抉择，我们坚持不搞'大水漫灌'式强刺激，而是依靠改革创新来稳增长、调结构、防风险，在区间调控基础上，加强定向调控、相机调控。"这可以理解为当前中国宏观调控的方法论阐述。

怎样读懂政府工作报告？首要的是理解政府工作报告中蕴含的方法论。这个方法论，不是经济学教材里的凯恩斯主义、货币主义等西方经济学理论，也不是任何纸面上推演出来的经济理论，而是从中国经济实践中得出的宏观调控方法论。并且，随着中国经济的日新月异，宏观调控方法论也在不断创新。

近年来，宏观调控的主要目的就是要避免经济大起大落，使经济运行保持在合理区间，其"下限"就是稳增长、保就业，"上限"就是防范通货膨胀。当经济运行保持在合理区间内，要以转变经济发展方式为主线，以调结构为着力点，释放改革红利，更好发挥市场配置资源和自我调节的作用，增强经济发展活力和后劲；当经济运行逼近上下限时，宏观政策要侧重稳增长或防通胀,与调结构、促改革的中长期措施相结合,使经济运行保持在合理区间。

如何使经济运行保持在合理区间呢?这就要"更多地运用经济、法律和技术手段"。理解其中的信息量,需要先认清宏观调控的对象——现实经济运行,与经济学经典描述的状态相比发生了哪些变化。

现实中的当代经济与经济学的经典描述相比,在"系统化"程度上有天壤之别,下面试从广度、深度和复杂度三个角度来解释:

广度,即经济活动的空间范围,如今,稍微复杂的工业品都是跨国制造、离岸制造,一个产品所涉及的经济活动范围往往就牵涉几十个国家。

深度,即价值链的长度,如今,几乎任何一个经济行为背后所牵扯的价值链都涉及十几个以上的行业,比如任何一次网购都能涉及电商、通信、金融支付、搜索、广告、物流、工业设计、软件、制造等。

复杂度,即经济活动的系统集成程度,如今,以"现代服务业"面貌出现的复杂系统工程已经深入到经济活动的各个角落,比如移动通信网以及从航空到地质到金融服务的各种"网",每一个都是集成数以亿计组元的复杂巨系统。

运行在复杂系统之上的当代经济,会对传统的宏观调控方式构成何种挑战呢?简单来说,传统的宏观调控方式在面对当代经济中的问题时,会出现调不动、调不转、调不灵的情况。

无论凯恩斯主义的模式还是货币主义的模式，都是从"增加供给和消费"角度入手的。在经济运转减速时，凯恩斯主义会以财政方式给企业和消费者扶持，货币主义会以流动性供给方式给金融体系"撒钱"，希望企业有钱来开展项目、消费者有钱来购买。然而，这种方式只有在大部分企业和消费者都是独立决策主体时才管用。

如今，大多数企业都是复杂的价值链体系中的一个环节，当它能够融到资但上下游价值链还是"不转"的时候，资金就不但起不到扶持作用，反而成为债务负担。现在的购买方，最终产品消费者也不是大多数，中间环节的购买才是大多数，这就使得增加对购买方的资金支持也不见得能刺激消费。即便对最终消费者来说，他往往也是处在一个系统服务消费者的位置上，比方说类似微信这样的社会网服务，只有当你的很多朋友也使用了这一服务，你才能把它真正"用起来"。

在这个时代，经济运行减速，其实就是系统运行节奏降低，传统的宏观调控方式往往失灵。在广度上，由于经济活动范围巨大乃至超越国界，于是"调不动"；在深度上，由于涉及环节太多，除非让各个环节都转起来，否则调控难以见效，于是"调不转"；在复杂度上，由于系统太复杂，于是"调不灵"。

这样，我们就不难理解创新宏观调控方式的必要性了。那怎么才能使宏观调控对于当代经济运行方式见效呢？只要摆脱教条的桎梏，从解决实际问题的需要出发，就不难注意到，从系统论角度，人类在调节复杂系统方面已经积累了丰富经验，即通过调节系统运行中的"关键点"来优化整个系统的运行。"更多地运用经济、法律和技术手段"所包含的意思就是,采用微观的手段,对经济体系中的"关键点"发力,达到优化整个经济系统运行的效果。

中国经济的长期持续增长与工业化过程有关,作为世界最大的制造业国家,向全球出口工业品多年以来一直是中国经济增长的最大动力。中国的工业化过程又与全球产业大转移密切相关,简略概括的话,可以说过去二三十年是"发达国家们"把工厂转移到了中国,然后印钞向中国购买产品。在这个过程中,宏观看,中国实现了出口拉动下的 GDP 持续高速增长;微观看,企业在追求外贸订单,而国内内需不足。

自 2008 年起,美欧先后爆发金融危机并延续至今,直到现在,欧美国家经济复苏的形势依然不容乐观。这就使得欧美国家"向中国买东西"的需求减少了。在一群首先需要勒紧裤袋过日子的买家中间,出现今年 3 月份,中国的 20 大贸易伙伴之中,14 个国家(地区)的对华进口增长同比下降这种事一点也不奇怪。

面对全球金融危机,2008 年时中国采取的政策是"四万亿"的投资刺激政策。这一政策稳住了中国的经济大局,但本质上仍然是出口导向的,即投资建起的新工厂和基础设施本质上仍是为扩大出口服务的。

毫无疑问,在全球经济低迷、外需疲软的情况下,中国经济需要向内需转向。这个说起来很容易,但做起来很难。难点在哪里呢？

在出口导向的情况下，企业从国外获得订单，然后主要在国内采购原材料、零配件，整个价值链由此运转起来。转向内需的话，难道不是从国内获得订单就可以了吗？关键问题就在于：没那么简单。一个非常重要的原因在于，工业体系讲究配套性，按照外需配套起来的生产链条跟国内的需要是不一样的。怎么不一样呢？拿最简单的例子来说，美国的标准电压是110V而中国的标准电压是220V，这会使得电子产品在设计上有很大差别。这仅仅是外需与内需不同的一个小侧面，实际上外需与内需的不同几乎方方面面无处不在。因此，要想从外需转向内需，从微观层次来说，其实是整个生产系统的结构重组。而且不仅仅是生产系统重组，一个工厂要重置生产标准的话，有巨大成本，要想让这种成本投入值得，就需要有将来的订单量作为保障，而这就涉及国内的消费问题了。此外，外需转为内需还涉及复杂的金融体系调整。总之，"调结构"是一个复杂系统工程。

目前来看，外部购买力低迷会成为将来很长一段时期内的常态。如今的形势逼着中国不得不加快宏观政策框架的调整步伐，走"调结构"的新路子，再走"保增长"的老路就要行不通了。

那么，"合理区间"及上下限的提出对于宏观经济政策取向是一个明示。但具体如何判明经济运行是不是处在合理区间呢？调结构又具体怎样操作呢？这些可能都不是简单使用现有的宏观经济学能够回答的。

现代各国采取的宏观经济政策，虽有不同，但是不论一个国家遵循的是凯恩斯主义,还是货币主义,从本质上来讲,其实走的都是依据监测到的数据来制定政策的路子。这条路子的核心和基础是监测数据,监测数据是怎样来的呢? 其实有一个叫国民经济核算体系(SNA)的基础。SNA是西方国家在第二次世界大战后依据西方经济理论选取考察对象建立起来的,这个体系可以用来对一国的国民经济活动进行综合考察和统一核算,其中的主要数据包括我们熟悉的国内生产总值(GDP)、国民收入(NI)等,然后政府再依据这个体系反映出来的数据和情况制定相应的宏观经济政策。

但是这种宏观经济政策的制定方法暗含了一种假设,就是世界经济环境是稳定的。而世界经济环境自经历金融危机以来,一直处在非常态运转的情况,再用"理想态"的政策来应对,很快也将会行不通。亦即:现在的宏观经济学都是基于统计数据的,但这些统计数据却没有指向性。比如,现在的宏观经济学只能给GDP增长与应该采取政策措施之间建立关系,但是却对于"什么样的GDP增长"没有区分。可以说,现在的宏观经济学都是基于标量的宏观经济学,而"调结构"则需要基于矢量的宏观经济学。

综上来看,全球经济陷入危机泥淖且复苏艰难这一大背景,导致中国面对的局势有两个"行不通":一个是靠出口来保增长的老路行不通,一个是靠SNA来制定宏观经济政策行不通。

中国经济现在首先要做的事情,是在保持经济运行处在合理区间的前提下"调结构",也就是对外要转变依靠出口来发展经济的模式,对内要盘活存量、激活市场。

把握好合理区间和政策框架,必须增强宏观调控的科学性、预见性和针对性,既要深入研究战略性、规律性问题,也要敏锐捕捉苗头性、倾向性问题。既不能因经济指标的一时变化而改变政策取向,影响来之不易的结构调整机遇和成效,也不能对经济运行可能滑出合理区间、出现大的起伏缺乏警惕和应对准备。要注重创新驱动,推动经济发展方式转变,增强经济增长内生动力,打造中国经济升级版。

问题一
经济增速稳得住吗？

在讨论"经济增速稳得住吗"这个问题前，必须对我国目前所处的国内外经济环境与本届政府履职以来的基本经济状况有一个基础的认知，就像过日子一样，一定要看以前的账本和现在的柴米油盐才能对今后的日子有所准备；那么，当下的经济环境是怎么样的呢？也就是，我们现在的柴米油盐状况是怎样的呢？

一、如何审视我们的柴米油盐：
中国经济面临的风险与挑战

柴：柴是当下的国际经济状况和走势。在中国已经深刻融入全球化的今天，假如没有国际上的柴来给中国经济添火，那火势就难以兴旺。我们要充分注意到，当今国际形势既有好的一面，也有不好的一面，其中不好的一面在于不确定性。既包括了美国特朗普新政自身纲领上的矛盾及美国内部政治掣肘带来的不确定性,也有欧洲潜在的分裂可能带来的风险,还有全世界范围内民粹主义贸易保护主义的沉渣泛起引致的隐忧。

比如,特朗普新政的自相矛盾。一方面特朗普强调要大修基建振兴经济,另一方面又因为要推行的减税方案缺少基建需要的财政资金。数据显示,截至 2017 年 2 月 24 日,美国财政部现金余额仅有 1090 亿美元,无法推行特朗普宣称的 1 万亿美元的基建计划;更糟糕的是,美国债务上限法案将于 3 月 15 日到期,这更加限制了美国政府举债基建的能力。美国经济一旦无法真正复苏陷入停滞,将加大美国政府大打贸易战转移矛盾的可能,而贸易战对中国经济显然是不利的。另外,欧洲依然存在如法国的右翼势力可能通过大选上台的风险使得欧洲分裂,对我国与欧盟作为一个整体的长期合作造成威胁。

柴有可能烧不旺。

米:米是我国目前面临的金融风险。金融本该为实体经济服务,为实体经济提供能量支持及资源配置的作用;然而,受全世界低贸易流量、低通货膨胀、低投资增长、低经济增长及低利率环境的影响,我国金融面临着金融体系自我膨胀,资金脱实向虚的问题,从固定资本投资完成额与资本形成额之比可以略见一斑:

自 2012 年以后,固定资产投资完成额开始加速高于资本形成额,在 2015 年达到了 1.8 的顶峰,这意味着我国投放的货币信用没有脚踏实地形成资本,而是在无支撑地推高价格、创造冗余的金融与资产流通环节,形成金融泡沫与资本泡沫。

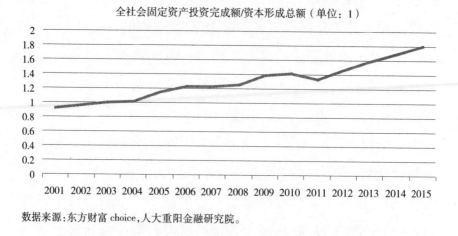

全社会固定资产投资完成额/资本形成总额（单位：1）

数据来源：东方财富 choice，人大重阳金融研究院。

也就是说，金融这碗本来应该让经济健康成长的米，成了单纯管饱的粥，对我国经济的健康发展形成了资金挤出风险，故而，"去杠杆"面临着巨大的挑战。即，米有可能加了太多水。

油：油是中国面临的房地产泡沫问题。油的作用我们可以想见，它应该让中国经济增加体量，变得更壮硕，同时拉动金融与经济，让饭吃得更香。然而，油加多了也会让经济虚胖，使得内脏器官实体经济发育不良，巨大的租金成本会极大地挤压创新及实体经济，而房价的快速增长同时还会让贫富差距扩大，让年轻人失去未来奋斗的希望，也不利于 2020 年全面建成小康社会目标的实现。从百城住宅平均价格我们可以略见端倪：仅从2012 年以来全国百城住宅的平均价格我们已经可以看到在这个阶段，尤其在 2016 年全年，房价出现了一个非常不合理的增长，如果考虑到房地产价格结构性的不均，并加入数据，则风险更加严重：

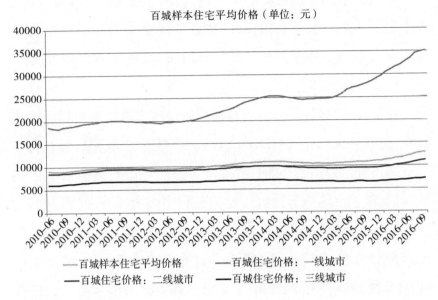

百城样本住宅平均价格（单位：元）

数据来源：Choice 数据。

百城样本住宅平均价格（单位：元）

数据来源：Choice 数据。

一线城市是全国创新的中心地带,而在过去的几年中,一线城市房价几乎上涨了一倍,这为创新驱动企业带来了难以负担的资金成本,对一线城市带动全国创新、实现经济转型非常不利。油可能放太多。

盐:即政策导向。它可以在最后阶段决定着整碗饭到底好不好吃,能否下咽。而在这部分中,我们的政策指的就是货币政策。

2016年,我国的稳健中性略偏宽松的货币政策遭遇了市场的误读,很多市场势力如机构以为央行要将大水漫灌进行到底,还有一些商业银行在信贷方面没有做好把关,使得国有企业和居民违背了"三去一降一补"的供给侧改革精神,加上了庞大的杠杆,使得我国经济在2017年下半年面临着回调的压力。如何在实践中坚定保持住货币政策的稳健中性,从而使得去产能去库存去杠杆真正落实到位,也是我国经济2017年面临的期中考试。

考察完当下柴米油盐的状况后,我们需要往过去翻翻账簿,看看本届政府在过去的几年做了什么,并考察这个账簿中的"关键指标",看看从中能获取什么支撑对经济稳健增长信心的保障。

二、翻翻过去的账簿:我国经济这几年
如何呈现触底企稳

在改革开放的不断驱动下,中国经历了30多年的高速增

长,但因为在高速增长期中没有将重心放在结构均衡上,加上增长总有极限,随着我国经济体量的不断壮大以及国际经济在金融海啸后的长期萎靡对我国经济的负向冲击,在过去的成绩上再保持像以前一样的高速增长已经不具可能,因此过去六年我国经济一直处于回调过程,经济增速仍处于一个在探中高速增长的"底"的过程中,自 2012 年以来经济增速分别为 7.7%、7.7%、7.4%、6.9%、6.7%,2017 年的工作目标为 6.5%,仍面临着较大下行压力。

但是,从关键指标来看,我国存在着一些好的预兆,主要体现到达了底部并有望稳定与反弹,即"触底企稳"。

主要分为两大底,一是需求底,一是供给底。

需求侧而言,主要分为基础设施底、制造业底与房地产投资底。

基础设施底。在过去的四年中,依靠基础设施投资来拉动 GDP 增长的投资高度依赖得到了缓解,基础设施建设投资累计同比已经稳定在 15% 左右,可以期待,日后将在产业升级转型上下更多功夫来实现高质量的经济增长。制造业投资的底部更加明显一些。

可以看出,制造业投资于固定资产的投资额增长已经可以看到明显底部,实现了企稳。

房地产投资底。房地产投资在经过了过去几年的非理性膨胀后逐渐接近其底部,可以期待今后房地产投资进入稳健有序的增长期。

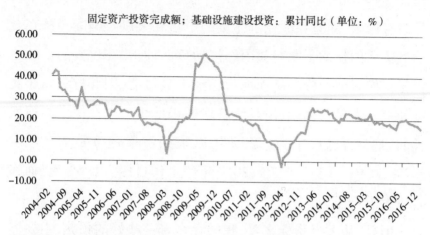

固定资产投资完成额；基础设施建设投资：累计同比（单位：%）

数据来源：wind，人大重阳金融研究院。

城镇固定资产投资完成额；制造业：累计同比（单位：%）

数据来源：wind，人大重阳金融研究院。

经济是否接近供给侧底部，是衡量我国供给侧改革中的"去产能"工作有没有做好的重要标准，其中有两个指标值得关注：其一，工业品出厂价格指数PPI在经历了54个月的负增长后逐渐拨乱反正恢复正增长，这意味着我国正逐渐走出低通货

房地产开发计划总投资:累计同比

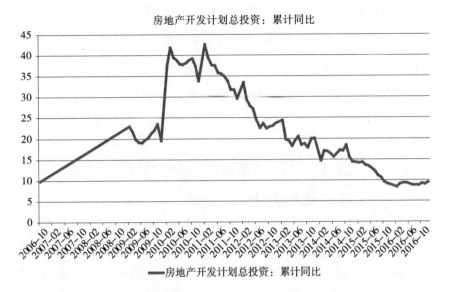

——房地产开发计划总投资:累计同比

数据来源:wind,人大重阳金融研究院。

膨胀率的阴影,PPI 回正的价格传导可以让生产者得到正向激励,是制造业恢复景气的预兆;此外,据国家统计局数据显示,2016 年全年全国规模以上工业企业利润从 2015 年同比增长-2.3%转为增加 8.5%,总额为 68803 亿元,两个指标都显示了制造业端"去产能"工作正有条不紊进行。当然,接近底部与真正触底并不尽然相同,但只要宏观政策得当,供给侧改革得到实质性进展,便很有可能于 2017 年实现真正触底,在其后稳住增长率不再下降并走上稳定的中速增长平台,开始"L 型增长"的右半部分。同时,从国际经验上看,中速增长平台一旦形成,就可以稳定持续在 5—10 年的时间内,并为实现 2020 年全面建成小康社会及更长远的目标打下坚实的基础。这就是近几年来中国宏观经济描绘出的一些振奋人心的预兆及图景,也让我们对今年的《政府工作报告》中提到的经济增长目标能否稳住增长有了"拨云见日"的感受,初步扫清了眼前的阴霾。那么2017年的《政府工作报告》将如何实现其稳定增长目标呢?如何让将来的日子过得更好呢?我们下面就来看看。

三、展望2017:稳定改革预期激发经济增长新动能和优化经济结构

经济增长进入中速增长平台后,能否稳得住、有质量、有效益、可持续,新增长动能至关重要。李克强总理在2017年的《政府工作报告》中指出,要依靠创新推动新旧动能转换和结构优化升级。中国发展到现阶段,不依靠改革和创新就没有出路。中国拥有世界上数量最多、素质较高的劳动力,有最大规模的科技和专业技能人才队伍,蕴藏着巨大的创新潜能。只有坚持以改革开放为动力、以人力人才资源为支撑,加快创新发展,培育壮大新动能、改造提升传统动能,才能更加平稳地推动经济保持中高速增长、产业迈向中高端水平。

在中高速发展中推进增长新动能,这个新动能来自哪里?在《政府工作报告》中可以总结为七个方面的新增长动能。

第一,多措并举降成本。2016年全面推开营改增试点,为企业降低税负5700多亿元。2017年计划降低企业税负3500亿元左右,减少涉企收费约2000亿元。具体措施包括:1)扩大小

微企业享受减半征收所得税优惠范围,将年应纳税所得额上限由 30 万元提高到 50 万元;科技型中小企业研发费用加计扣除比例由 50% 提高到 75%。2)全面清理规范政府性基金,减少涉企行政事业性收费和政府定价的涉企经营性收费。3)简化增值税税率结构,将四档税率简并至三档。4)继续适当降低"五险一金"缴费比例。5)通过深化改革、完善政策,降低企业制度性交易成本,降低用能、物流等成本。行政性垄断的基础产业领域的改革、开放、竞争,将会带动新的大量有效投资,有效降低全社会的生产和运营成本。

第二,深入推进供给侧结构性改革。"去产能"是供给侧结构性改革取得成功的关键之战,是实现经济持续稳定增长的关键所在。2016 年退出钢铁产能超过 6500 万吨、煤炭产能超过2.9 亿吨,超额完成任务。2017 年是去产能的攻坚之年,钢铁、煤炭去产能的目标为压减钢铁产能 5000 万吨、退出煤炭产能1.5 亿吨以上。还要淘汰、停建、缓建煤电产能 5000 万千瓦以上,以防范化解煤电过剩产能风险,提高煤电行业效率,为清洁能源发展腾空间。房地产政策将因城施策:对于库存较多的三四线城市,要支持居民自主和进城人员购房需求;对于房价上涨压力大的城市,要合理增加住宅用地,规范开发、销售、中介等行为。此外,财税、金融、国企、农业等方面改革都将进一步推进。

第三,农村集体产权制度改革带动城乡一体化发展。党的十八大和十八届三中、四中、五中、六中全会提出推动集体建设用地、宅基地的流转,统筹推进"五位一体"总体布局和协调推进"四个全面"战略布局,探索集体经济新的实现形式和运行机制,增加农民财产性收入,让广大农民分享改革发展成果。这不但对稳定降低一线城市房价至关重要,而且对大都市圈平衡发展、城乡协调发展、提高农民收入等都有重要作用。

第四,通过企业分化激发优势企业成长。李克强总理在《报告》中指出,要以提高核心竞争力和资源配置效率为目标,形成有效制衡的公司法人治理结构、灵活高效的市场化经营机制;要更多运用市场化法治化手段,有效处置"僵尸企业",推动企业兼并重组、破产清算,坚决淘汰不达标的落后产能;加快构建新型政商关系,更好激发非公有制经济活力,鼓励非公有制企业参与国有企业改革,进一步放宽非公有制经济市场准入,向民间资本开放向外资开放的行业和领域。通过高效的市场化机制,加快企业、行业和地区分化,使得一批具有核心竞争力的企业脱颖而出,在竞争中转型升级和创新,进而实现在一些产业上具有长期稳定的竞争优势。

第五,积极主动扩大对外开放。2017 年将继续推进"一带一路"建设,坚持共商、共建、共享,加快陆上经济走廊和海上合作支点建设,构建沿线大通关合作机制。大力优化外商投资环境,修订外商投资产业指导目录,进一步放宽服务业、制造业、采矿业外资准入,"让中国开放的大门越开越大"。支持外商投资企业在国内上市、发债,允许参与国家科技计划项目;在资质许可、标准制定、政府采购、享受《中国制造 2025》政策等方面,对内外资企业一视同仁。此外,中国将坚定不移地推动全球经济合作，推动中国—东盟自贸区、区域全面经济伙伴关系、亚太自贸区建设。

第六，实施创新驱动推动实体经济优化结构。建设国家重大科技基础设施和技术创新中心，打造科技资源开放共享平台，推进全面创新改革试验；全面实施战略性新兴产业发展规划，加快新材料、人工智能、集成电路、生物制药、第五代移动通信等技术研发和转化，做大做强产业集群；2017年网络提速降费要迈出更大步伐，年内全部取消手机国内长途和漫游费，大幅降低中小企业互联网专线接入资费，降低国际长途电话费；推动互联网等新技术带动的实体经济优化配置，效率提升，促进数字经济加快成长，让企业广泛受益、群众普遍受惠。

第七，打好蓝天保卫战。对于人民群众广为关注的雾霾问题，报告首次出现了"坚决打好蓝天保卫战"的说法。具体来看，1）要加快解决燃煤污染问题；2）要全面推进污染源治理；3）要强化机动车尾气治理，在重点区域加快推广使用国六标准燃油；4）要有效应对重污染天气，加强对雾霾形成机理研究，提高应对的科学性和精准性；5）要严格环境执法和督查问责。此外，抓好重点流域区域水污染和农业面源污染防治；开展土壤污染详查，分类制定实施治理措施；加强城乡环境综合整治，普遍推行垃圾分类制度；培育壮大节能环保产业，使环境改善与经济发展实现双赢。

2017年是实施"十三五"规划的重要一年，是供给侧结构性改革的深化之年。为实现"十三五"经济年均增长保持在6.5%

以上的预期增长目标,实现全面建成小康社会目标,到 2020 年国内生产总值和城乡居民人均收入比 2010 年翻一番,《政府工作报告》中就 2017 年重点工作任务作出部署:将大力推进结构性改革,加快推进产业结构优化升级,保持经济中高速增长,推动产业迈向中高端水平。从上述政策部署中,我们可以看到,2017 年中国经济不仅能够稳住增速,而且经济结构将继续优化升级,在世界经济大局中"乱云飞渡仍从容"!

问题二
吃饭大事怎样保障?

国以民为本,民以食为天。"三农"问题是关系到国计民生的重大问题,同时也直接关乎我国全面建成小康社会宏伟目标的实现,因此,重农固本一直是重中之重。2017年是我国推进农业供给侧结构性改革元年,此前,中央经济工作会议已明确提出"农业供给侧改革"的思路,"吃饭大事"的改革如何推进,成为当前和今后一个时期农业农村工作的主线。

一、农业供给侧结构性改革的背景

1. 农业成本攀升,国内粮价高出国际市场 30%—50%。2004—2015 年,我国稻谷、小麦、玉米亩均成本大幅攀升,从 395元增至 1090 元,增长 175.6%;其中亩均物质与服务费用增长112.4%,亩均人工成本增长 216.6%,亩均土地成本增长302.7%。在粮食成本大幅攀升的情况下,政府以托底收购

（2004 年开始）和临时储备政策（2008 年开始）保障种粮积极性。加之国际粮价从 2012 年开始大幅下跌、石油价格在 2014 年下半年开始暴跌、人民币兑美元 2005 年以来总体升值，当前中国国内粮价高于国际市场 30%—50%，并因此造成我国农产品竞争力缺乏，农业生产效益低而不稳，小规模、高成本的农业生产模式难以持续。

2. 部分农产品供需矛盾突出，大豆供小于求，玉米供大于求。受消费结构升级、价格形成机制等因素影响，我国部分农产品供需结构矛盾突出，主要表现为大豆供小于求、进口激增，玉米供大于求、库存高企。《全国种植业结构调整规划（2016—2020）》指出，"经济的发展使城乡居民的支付能力和生活水平不断提高，消费者对农产品的需求由吃得饱转向吃得好、吃得安全、吃得健康，进入消费主导农业发展转型的新阶段。"加之农产品价格机制市场化改革滞后，玉米出现阶段性供大于求，大豆供求缺口逐年扩大。

大豆方面，1992—2015 年，我国大豆产量从 1030 万吨增至 2004 年的 1740 万吨顶点后降至 1185 万吨，而国内需求量从 1114 万吨增至 9926 万吨，供给远远小于需求。玉米方面，2012—2015 年我国产量大增，从 17483 万吨增至 23021 万吨，但因经济下行、进口玉米价格较低和玉米替代品不断增长等因素，国内消费量从 16765 万吨降至 14487 万吨，供给明显大于需求。因此下一步应取消玉米"临时收储"政策，实行"市场化收购"加"生产者补贴"新机制。

3. 粮食生产量、进口量和库存量"三量齐增",粮食财政负担沉重。最近十几年,我国粮食生产量、进口量和库存量呈现"三量齐增"态势,广义粮食安全存在结构性隐患,粮食财政负担沉重。2003—2015 年,由于粮食播种面积的扩大和单产水平的提高,我国粮食产量从 43070 万吨增至 62144 万吨,增长 44.3%,粮食产量"十二连增",2016 年回调至 61624 万吨。与此同时,粮食进口量从 2283 万吨增至 12477 万吨,增长 446.5%,其中约 2/3 为大豆;粮食出口量从 2230 万吨降至 164 万吨;净进口量从 53 万吨增至 12314 万吨,而在 2003 年之前粮食净进口量从未超过 2000 万吨。2011 年以来,大豆自给率降至 20% 以下,2015—2016 年更是不到 12%。

在外粮入市、国粮入库的情况下,粮食财政负担沉重。《全国农村经济发展"十三五"规划》(发改农经〔2016〕2257 号)指出"我国经济发展进入新常态,经济增速放缓,持续大幅增加财政'三农'投入空间有限"。

4. 农业发展方式粗放,农业面源污染和农产品质量安全问题增多。当前,我国粮食生产仍处于靠化肥、农药和大水漫灌来提高产量的粗放型生产阶段,优质绿色农产品供给不能满足需求。过去十年,重大食品安全事件时有发生,例如 2008 年三鹿"三聚氰胺奶粉"事件、2011 年瘦肉精事件、2013 年湖南"镉大米"事件等。我国农产品质量安全问题多表现为农药、兽药残留超标,微生物、重金属超标,违反添加剂使用标准等问题,导致国内优质绿色农产品不能满足需求、一些居民转而依赖进口,以及国内部分具有价格优势的农产品出口较难。

5.农民持续增收难度加大,如期实现全面小康任务艰巨。 我国农业生产面临成本"地板"和价格"天花板"双向挤压的压力,农产品价格提升空间有限,农民持续增收的压力越来越大。《全国农业现代化规划(2016—2020年)》指出,"在经济发展速度放缓、动力转换的背景下,农民持续增收难度加大的问题日益凸显。农产品价格提升空间较为有限,依靠转移就业促进农民收入增长的空间收窄,家庭经营收入和工资性收入增速放缓,加快缩小城乡居民收入差距、确保如期实现农村全面小康任务艰巨。"

与此同时,党的十八届五中全会提出,到2020年我国要实现在现有标准下农村贫困人口全部脱贫。截至2016年底,我国仍有4335万农村人口生活在扶贫标准线以下,贫困发生率为4.5%。这意味着每年要减少贫困人口1000万以上,时间紧任务重。今后4年,能否实现农村贫困人口全部脱贫,能否补齐农村这块全面小康的短板,将直接影响全面建成小康社会的成色。

二、农业供给侧结构性改革怎么看

1.农业供给侧改革政策文件密集出台。自2015年12月24日—25日中央农村工作会议开始提出"着力加强农业供给侧结构性改革"以来,近期相关政策文件密集出台。

2016年中央1号文件《中共中央、国务院关于落实发展新理念加快农业现代化实现全面小康目标的若干意见》再次谈及。农业供给侧结构性改革在2016年迅速推进。

2016年10月20日发布的《全国农业现代化规划(2016—2020年)》要求,"以提高质量效益和竞争力为中心,以推进农业供给侧结构性改革为主线,以多种形式适度规模经营为引领,加快转变农业发展方式"。10月27日发布的《全国农村经济发展"十三五"规划》(发改农经〔2016〕2257号)要求,"以农业供给侧结构性改革为主线,持续夯实现代农业基础,转变农业发展方式,推进农村产业融合,构建现代农业产业体系、生产体系和经营体系。"

2016年12月9日中央政治局会议提出,"要积极推进农业供给侧结构性改革"。12月14日—16日的中央经济工作会议将"深入推进农业供给侧改革"作为2017年重点任务之一。12月19日—20日的中央农村工作会议提出"把推进农业供给侧结构性改革作为农业农村工作的主线"。2017年2月5日,2017年中央1号文件发布,这是2004年以来连续第14个关于"三农"的1号文件。2017年3月5日,《政府工作报告》再次提出要"深入推进农业供给侧结构性改革"。

由此可见,2016年底2017年初,农业供给侧结构性改革相关政策文件密集出台,除农垦、奶业、渔业、农业科技、农业机械化、草原保护、农业生产安全、新型职业农民培育、农业资源与生态环境保护、农业执法监管等领域的"十三五"规划外,还涉及农村土地"三权"分置、集体林权制度、农业PPP、养殖、农村集体产权制度改革、农业补贴制度、农垦国有土地确权、耕地保护与占补平衡等多个主题。

2. 推进农业供给侧改革的总体要求：向绿色生态可持续、更加注重满足质的需求转变。根据中央部署，推进农业供给侧结构性改革，"要在确保国家粮食安全的基础上，紧紧围绕市场需求变化，以增加农民收入、保障有效供给为主要目标，以提高农业供给质量为主攻方向，以体制改革和机制创新为根本途径，优化农业产业体系、生产体系、经营体系，提高土地产出率、资源利用率、劳动生产率，促进农业农村发展由过度依赖资源消耗、主要满足'量'的需求，向追求绿色生态可持续、更加注重满足'质'的需求转变。"同时也要确保三条底线：一是粮食生产能力不降低；二是农民增收势头不逆转；三是农村稳定不出问题。

3. 推进农业供给侧改革六大任务：调结构、提品质、促融合、去库存、降成本、补短板。

调结构，就是要适应市场需求、优化产品结构，立足比较优势、优化区域结构等，重点推进玉米种植业结构调整，恢复和增加大豆种植面积。

提品质，就是要努力提高农产品和食品的质量安全水平。提升源头控制能力，提升标准化生产能力，提升品牌带动能力，提升风险防控能力，提升农产品质量安全监管能力等。包括探索建立农药、兽药、饲料添加剂等投入品电子追溯码监管制度，加快构建农兽药残留限量标准体系，建立农产品追溯制度等。

促融合,就是要提高农业全产业链收益,推进农产品生产与加工业发展,完善农产品市场流通体系,发展农业新型业态,拓展农业多种功能,创新一二三产业融合机制。

去库存,就是要加快消化玉米等农产品的积压库存,减少陈化损失。鼓励玉米等农产品精深加工业向优势产区转移,加快消化粮棉油库存,积极支持粮食加工企业发展生产,减少陈化损失。

降成本,就是要通过发展适度规模经营、提高技术装备和信息化水平等节本增效。加快发展多种形式适度规模经营,加快建立新型经营主体支持政策体系,实施农业社会化服务支撑工程。全面提高自主创新能力,推进现代种业创新发展,增强科技成果转化应用能力,促进农业机械化提档升级,推进信息化与农业深度融合。

补短板,就是要加强农业农村基础设施建设,改善农业生态环境。推进资源保护和生态修复,强化农业环境保护,包括切实保护耕地资源、发展高效节水农业、全面加强农业面源污染防控等。

三、农业供给侧结构性改革怎么干

推进农业供给侧结构性改革的根本途径,是通过体制改革和机制创新,理顺政府和市场的关系,激活市场、激活要素、激活主体,改造和提升农业传统动能,培育和增强农业农村发展新的动力,具体要从以下 6 大方面入手。

1. 优化产品产业结构,着力推进农业提质增效。当前我国农业的主要矛盾已经由总量不足转变为结构性矛盾,要推动农业生产由"生产导向型"向"消费导向型"转变,以市场为导向,紧跟消费需求变化,适应人们从吃饱、吃好到吃得健康安全的转变。统筹调整粮经饲种植结构,发展规模高效养殖业,做大做强优势特色产业,优化农业区域布局,全面提升农产品质量和食品安全水平,积极发展适度规模经营,建设现代农业产业园,不断提高农业综合效益和竞争力。

2. 推行绿色生产方式,增强农业可持续发展能力。发展绿色农业,要大力推进绿色生产方式,坚持农业清洁生产,逐步改进施肥方式,严格执行高标准的化肥农药行业管理标准,推进病虫害统防统治和绿色防控,从源头上实现绿色生产。同时,集中治理农业环境突出问题,深入实施土壤污染防治行动计划,推进耕地、草原、河湖的系统修复、综合治理,从根本上实现农业的绿色发展,增强我国农业可持续发展能力。

3. 壮大新产业新业态,拓展农业产业链价值链。着力发展农村新产业新业态,大力发展乡村休闲旅游产业、农村电商、现代食品产业等政策措施,促进一产二产三产深度融合。通过建立农业的创新园、创业园和产业园,实现农业"全环节升级、全链条升值",加速推进和实现农业供给侧结构性改革。

4. 强化科技创新驱动,引领现代农业加快发展。长期以来,我国一直面临农业科研与农业生产脱节的现象。对此,一是要加快推进重大科研攻关和技术模式创新,发挥科学技术是第一生产力的作用,完善农业科技创新激励机制,加强国家农业科技创新联盟和区域技术中心建设,建设一批农业资源开放共享与服务平台基地。二是要顺应农村新产业新业态的需要和现代农业发展的趋势,调整农业科研的重点和方向,拓展农业科研领域,加强农业技术、智慧农业、产品深加工、冷链物流等科技研发。三是要推进"互联网+"农业行动计划,依靠农村电商、农业大数据等现代信息技术,改造传统农业生产方式和商业模式,补齐我国农业现代化的短板。

5. 补齐农业农村短板,夯实农村共享发展基础。 具体要求是补齐农业农村基础设施和公共服务短板,深入开展农村人居环境治理和美丽宜居乡村建设,增强农业农村发展后劲,扎实推进脱贫攻坚,强化脱贫攻坚支撑保障体系。

6. 加大农村改革力度,激活农业农村内生发展动力。 主要发力点包括深化粮食等重要农产品价格形成机制和收储制度改革,完善农业补贴制度,改革财政支农投入机制,加快农村金融创新,深化农村集体产权制度改革等。

落实农村土地集体所有权、农户承包权、土地经营权"三权分置"办法,是在大量农业人口向二、三产业转移、老龄化不断加剧等现实背景下,提高土地利用效率、发展适度规模经营的必然选择。有利于解决我国农业经营规模小、竞争力不足以及现代因素引入不畅等问题。在保护农户承包权益的基础上,能够使土地这一生产要素流动起来,促进土地资源在更大的范围内的优化配置,为新型经营主体发展适度规模经营提供支持。新型经营主体,减少了农业科技和现代机械引入的障碍,有利于推进农业现代化,进而解决农业领域出现的一系列突出矛盾和问题,如产需失衡、资源错配、生态环境恶化等,成为农业供给侧结构性改革的助推剂。

此外,随着我国城镇化的深入推进和城乡一体化的发展,农村金融需求日益旺盛,并且日趋多元化。然而,受制于农村金融体系不够健全、信息不对称等问题,"三农"群体长期以来一直深受融资难、融资贵的困扰。对此,政府要在强化政策性金融保障的基础上,不断推动农民融资渠道创新,切实降低融资成本。深入推进承包土地的经营权和农民住房财产权抵押贷款试点,将成为推动农村金融创新的一个重要着力点,给农村金融带来巨大的空间。同时,持续推进农业保险扩面、增品、提标,开发满足新型农业经营主体需求的保险产品,探索建立农产品收入保险制度,并把农业保险切实落到实处。最后,积极推进政府和社会资本合作(PPP)等模式撬动更多的金融和社会资本投向农业农村,为支持农业供给侧结构性改革提供金融保障。

"三农"问题事关全局,2017年中央一号文全面阐述了农业供给侧结构性改革的具体内容,《政府工作报告》突出强调要"深入推进农业供给侧结构性改革,完善强农惠农政策,拓展农民就业增收渠道,保障国家粮食安全,推动农业现代化与新型城镇化互促共进,加快培育农业农村发展新动能"。唯有做好农业供给侧结构性改革才能确保今年中央经济工作会议"稳"的总基调,解决好"三农"问题,才能取得供给侧结构性改革的成功,实现经济平稳健康增长。

问题三

如何建设美丽家园？

2017年《政府工作报告》中提出"要优化区域发展格局，实施好相关规划，研究制定新举措""支持中小城市和特色小城镇发展，推动一批具备条件的县和特大镇有序设市，发挥城市群辐射带动作用"。如何建设美丽家园，如何推进国土空间规划，成为各方关注的热点。

一、国土空间规划的过去

纵观中国国情，我国仍处于社会主义初级阶段，生产力水平低下，地区发展不平衡，科学技术水平落后；同时，我国疆域辽阔、人口众多、南北文化差异明显、人民文化素质不够高。因此，协调中国各区域之间的发展进程，推动不同地区协同联动发展将作为重点发展战略来完成我国在2020年全面建成小康社会的总任务。中国也一直在为全面建成小康社会而积极努力着。

从新中国成立到改革开放之前,在高度集中的计划经济体制下,国土空间开发的资源配置偏向于朝内地倾斜,即对内陆地区进行重点经济建设。20世纪50年代初期,工业投资布局分散,这种内地倾斜式的投资布局导致了当时的经济活动出现了地理化的分散趋势,中国发达的沿海地区和落后的内地地区的国土空间格局现状并没有得到改变。随后,因"大跃进"和中苏国家政治关系的改变及中国周边形势变化的影响,国家决定将集中在大城市和沿海地区的工厂转移,强调建立地方独立的工业体系,逐步改变工业布局。建设重点是把沿海一些工业企业向西部和西北地区搬迁,大力发展国防、科技、工业和交通基础设施。随着70年代中国外交关系的改善,中国经济区域布局开始向沿海逐步转移。然而,中国国土空间的开发规划依然任重而道远。

改革开放后,中国国土开发战略实现了由不均衡开发到相对均衡开发的转变。中国经济呈现出东、中、西不均衡发展的特征,因此,中国政府按照地理位置和经济发展水平,相应地将全国划分为东、中、西三大经济带,并以此作为国家确定国土开发重点和生产力布局优先次序的依据。中国国家国土开发重心逐步实现向东部沿海地区倾斜,通过不断设立开放经济区,进一步开放沿海港口城市,并给予审批权、财税、信贷等优惠政策和措施,加强沿海与中西部地区的横向经济联系,从而通过国土开发带动整个国民经济的发展。

随着改革开放的深入,到20世纪90年代,由于东部地区的迅速发展,与中西部地区的发展差距不断扩大,中央开始重视区域间协调发展。此后,沿江、沿边、内陆省会城市开放划入规划,并先后开放重庆等 5 个长江沿岸城市,石家庄等 4 个边境或沿海地区省会城市,太原等 11 个内陆地区省会城市,促进区域协调发展初见成效。然而,由于这一时期处于社会主义市场经济体制初步确立的阶段,市场机制作用的发挥进一步加大了东部与中西部之间的经济差距,再加上中央政府对中西部地区经济政策支援支持有限,各种经济要素依然向东部地区聚集。

为了缩小东西部地区经济发展水平极度不均衡的形势,中部崛起战略应势启动,国家对中西部地区的投资力度不断加大。进入 21 世纪以来,中国先后出台了一系列财政、投资等政策支持,先后实施了西部大开发、振兴东北老工业基地和东部崛起战略。在中央政府的政策援助下,中国区域协调发展得到促进,区域经济发展进一步缩小,推进了国土空间开发构建高效、协调、可持续的开放格局。与此同时,由于受到当时世界金融危机的影响,东部地区的一系列改革试验区和区域规划不得不进行产业结构升级和调整,这为中西部地区发展创造了机遇。中国的经济布局由过去的各种经济要素和经济高度活动向东部沿海地区聚集逐步转变为由东部向中西部地区转移扩散;并且,区域投资结构形成了中、东、西、东北地区投资协同发展局面,总体上形成了四大板块协调发展空间格局。四大板块之间的人均 GDP 水平呈现缩小趋势。自此,中国的区域发展进入"转折"阶段。

二、国土空间规划的现在

国土空间规划的改革步伐从未停止,中国为此作出了不懈努力。为了使区域发展全面覆盖,早在 2010 年底,国务院就印发了《全国主体功能区规划》(以下简称《规划》),并逐步完善《规划》内容、制定《规划》战略、明确《规划》目标和战略格局。近年来,人所共知的"京津冀""长江经济三角带""珠三角经济带""西部开发""东北振兴"等便是对国土空间开发规划的诠释。

然而,随着我国经济的持续增长,工业化城镇化水平的加快推进,国土空间发生巨大变化的同时,也存在一些必须高度重视的问题,如耕地减少过多过快、资源开发强度过大、环境问题凸显、生态系统功能退化等。因此,必须统筹谋划未来国土空间开发的战略格局,形成科学的国土空间开发导向。所以,国土空间规划的现状就是要保证区域发展全面覆盖、地区发展水平差距逐步缩小的前提下,逐步解决规划过程中所引发的问题。杜绝让新问题阻碍规划进程,严防国土规划步伐引发新担忧。具体而言,规划构建了"两横三纵"为主体的城市化战略格局,即在优化提升东部沿海城市群的基础上,在中西部一些资源环境承载能力较好的区域,培育形成一批新的城市群,促进经济增长和市场空间由东向西、由南向北拓展。《规划》同时构建了"七区二十三带"为主体的农业战略格局和"两屏三带"为主体的生态安全战略格局。

因此,我国现阶段的国土空间规划,是在发达城市的带领下,东、中、西部城市群共同发展,依托我国交通设施的不断完善,逐步形成以陆桥通道、沿长江通道为两条横轴,沿海、京哈京广、包昆通道为三条纵轴,以主要的城市群地区为支撑,轴线上其他城市化地区和城市为重要组成的"两横三纵"城市化战略格局,形成了完善的城市网络群。同时,为了提高我国农业综合生产能力,推进农业生产经营专业化、标准化、规模化和集约化,"七区二十三带"优势农业布局的形成进一步表明,农业的发展需要同时得到重视,国土空间规划的改革不能以耕地的减少为代价。党的十八大报告提出的"五位一体"再次强调了生态文明建设的重要性,国土空间规划也应积极响应号召,走绿色发展路线。《规划》中所指出的"两屏三带"构筑了生态安全战略,它是指"青藏高原生态屏障""黄土高原—川滇生态屏障"和"东北森林带""北方防沙带""南方丘陵山地带",从而形成一个整体绿色发展生态轮廓。国土空间的开发不能忽略了生态功能区的保护和管理,这对于指导我国未来生态建设具有非常重要的战略意义和深远意义。构建"两屏三带"为主体的生态安全战略格局,把国家生态安全作为国土空间开发的重要战略任务和发展内涵,充分体现了尊重自然、顺应自然的开发理念,对于在现代化建设中保持必要的"净土",实现可持续发展具有十分重要的战略意义。

三、国土空间规划的挑战

回看我国历史上的各项政治、经济、体制改革向来都不是一帆风顺的，必定面临各项严峻的挑战。国土空间规划还在行进中，在取得良好显著效果的同时，我们也应警钟长鸣，不断地审时度势，回看历史，总结经验教训，做好迎接各种挑战的充分准备。

国家政策支持是发展的必要保障。任何改革都离不开国家政策的支持，只有中央政府把工作重心放在国土空间规划上，规划才能够在稳中求进，吸引各级政府、各地工作单位、工作人员的重视，才能进一步保证改革的发展。在得到改革基本的保障后，国土空间的规划还要符合我国自身经济发展的基本规律。向已经成功进行国土改革的国家借鉴经验是可取的，但更应因地制宜、取长补短、去糟取华，制定符合我国基本国情的国土空间规划，而不是一股脑地全盘照搬。当然，任何改革都不是孤立的，因此，国土空间的规划不仅需要考虑国内现实需求的处境，更应权衡外界因素的变化。历史上的重大事件，如中苏关系恶化、"文化大革命"、中美建交、改革开放、全球金融危机，不论中外，都在我国的国土空间开发中扮演过重要角色，并深刻影响着国土空间规划的战略制定和进程步伐。因此，在规划中，我们也应审时度势，及时纠正不符合历史潮流的战略规划。

考虑当下,在"十三五"规划的进程中,在国际形势充满挑战的 2017 年,我们需要尊重现实,明确现实挑战,并将挑战转化成机遇,坚决推进国土空间规划战略。

挑战一是区域发展重心不平衡。自改革开放以来,政府一直将发展重心放在北上广等大城市,西部地区发展缓慢,尤其是农村地区。然而,大城市的承载力是有限的,超过一定极限反而使改革效果事倍功半,因此,急需给大城市区域发展格局做"加减法"。

挑战二是过于重视东部地区。从我国国土空间规划的历史可以看出,东部地区在每个改革时期都是作为重点区域给予规划的,造成现阶段中、东、西部地区发展极为不均衡。因此,再将重点单一地放在较为落后的中、西部地区,需要的过程长、投入大,且效果难以快速体现,这就需要已发展的城市作为领头羊,形成城市群网络来带动其他地区的发展。

挑战三是农村发展被忽视。偏远的小城镇及农村地区一直被忽略,资源配置极其落后,因此,在发展大城市区域的前提下,亟须制定新的、足以带动偏远地区发展的总战略,扶持小城市、小城镇、农村的发展,以城市带动农村,实现工业城镇化、农村城市化、都市现代化的城乡一体化总模式。

四、区域发展格局的"加减法"

国土空间开发规划将环渤海、长三角、珠三角三个区域作为优化区域发展地区。环渤海"京津冀"地区作为首都圈，吸引了大量优质资源，并吸引了大量的外来人口，带动了区域发展；上海作为中国的金融中心，带动了长江经济带周边江苏、浙江等城市的发展，并逐步实现长江经济一体化进程；珠三角地区自20世纪80年代以来，在改革开放的带动下，经济发展实现了质的飞跃。

然而，在推进大城市优化发展的同时，还应考虑到城市的负荷度与承受力。拿"京津冀"地区来说，除了努力打造"轨道上的京津冀"模式，还应疏解北京的非首都功能，即与首都功能发展不相符的城市功能，减少首都人口、产能和污染负荷，进一步推进供给侧结构性改革，从而平衡城乡之间发展。为北京地区做"减法"以后，就要将改革力度"加"在津冀地区。随着高铁的修通和新机场的建设，北京地区的企业及高校可以进行区域迁移，迁往河北污染程度较轻的张家口、承德、秦皇岛市，此举不仅可以缓解首都人口压力负荷，还可以带动河北三线城市的经济发展，从而形成京津冀通盘考虑的经济结构和空间结构，带动环渤海地区和北方腹地的发展。

五、城市群成为"领头雁"

随着"一带一路"建设的推动，我国国内区域之间的联系越发地紧密，城市之间的沟通更加高效、便捷，为形成内外联动、深入开放的新局面提供了机遇。因此,为了打造国土空间规划新格局,要不断地推进城市群战略,即以大城市为核心,依托发达的交通通信等基础设施网络,形成空间组织紧凑、经济联系紧密、高度同城化和高度一体化的城市群体。

以长江三角洲经济带城市群为例,长江经济城市群以上海为中心,与周围的江苏省、浙江省、安徽省形成了长三角城市群。长三角城市群是"一带一路"与长江经济带的重要交会地带,拥有现代化江海港口群和机场群,高速公路网比较健全,公铁交通干线密度全国领先,立体综合交通网络基本形成。城市群的实现,不仅可以进一步推动中心大城市的经济发展,提高大城市的国际地位,同时,为周边中小城市的发展注入动力、提供指导、创造机遇。

2016 年,在国际上具有重要影响力的 G20 峰会在浙江省杭州市举行,20 国领导人纷至沓来。纵观历届峰会举办地,大都是国家首都城市,杭州作为第十一次 G20 峰会举办地,除了有它悠久的历史原因和独特的风光特色外,更重要的一点是杭州处于长三角经济区,同上海等城市形成的长三角城市群增加了它的竞争力,为其自身具备召开峰会、迎接外宾、展现中国风采提供了扎实的基础和最具说服力的条件。无独有偶,规划入长三角城市群为义乌小商品的转型升级提供了机遇。自 2000 年以来,义乌小商品的发展经历了中国采购卖中国、中国采购卖世界、世界采购卖世界的三个阶段。虽然义乌小商品发展的核心是创新,但城市群提高了大家对义乌的认知度,依托"一带一路"和全球化的发展潮流,促成了现在的义乌小商品发展模式。

城市群的存在带动了周边中小城镇的发展,促进了大中小城市和小城镇的合理分工、功能互补及协同发展,是打造生产空间集约高效、生活空间宜居适度、生态空间山清水秀的特色城市的储备力量。

六、特色小镇引领新农村建设

相比于中小城市和城镇区域,乡村地域的开发更加具有挑战性。由于农村大都地处偏远地区,且交通、通信相对落后,与城镇、城市沟通相对较少,与周边形成城市群的规划极其复杂且合理性相对较低。因此,完成乡村地区的国土开发,除了依靠外界力量的辅助外,更应以开发乡村特色为核心,发展当地旅游业、服务业,从而带动当地经济发展,缩小城乡地域发展水平的差距,实现城乡一体化。

在乡村经济发展相对落后的情况,农村旅游经济成为我国许多乡村地区的支柱性经济类型。然而,在以往的发展过程中,各地旅游业同质化现象严重,差异化不明显。比如,许多东部沿海地区的乡村风景区,都打出了绿水秀山的"景色牌",所到之处,总让游客有一种似曾相识的感觉。同质化现象使得农村地区旅游业吸引力下降,旅游业带动下的衍生品难以售出,农村经济发展停滞不前。因此,挖掘自身特色,走差异化竞争道路才是乡村地区发展旅游业的王牌。比如云南开展的村镇特色工程建设，旨在通过修缮乡村景区内的人文景观，使之更加完美地融入周围的自然风光之中，继而形成"一村一景、一村一业、一村一特色"的差异化发展道路。

农村电商的发展现今如火如荼。依托农村电商展开的销售服务业助农村地区的经济发展一臂之力。然而，只有将电商和当地特色相结合，才能够独辟蹊径，创造更高的产业、经济价值。如河北省邢台市清河县，素有"中国羊绒之都"的称号，利用其羊绒产业的特色优势，结合农村电商发展平台，引导企业创新发展，逐步走出了品牌化和差异化的竞争之路。同样，在农村经济的发展过程中，还可以将自己在地理、文化、历史发展等其他方面的优势作为发展的"主力军"，集中优势资源，拓宽发展渠道，实现经济发展。

在国土空间开发规划战略中，协调各区域之间的发展进程，推动不同地区协同联动发展是重点工作。因此，大城市的优化区域发展格局，周边城镇的城市群形成模式和乡村自身特色的开发利用将为国土开发规划提供可行性方案，从而使城乡一齐"动起来"，促小康社会"建起来"。

问题四
如何走通创新之路？

  随着我国进入经济发展的新常态,大力推动经济发展模式转型创新已经成为国家和社会的共识。从 2014 年到 2016 年的《政府工作报告》中看,关于创新内容的阐述越来越多,也越丰富,逐渐勾勒出了一幅我国创新发展之路的蓝图。从这幅蓝图中可以看到,推动我国创新发展,产业升级换代,共有四大抓手,一是加大科技研发投入;二是改革科研管理体制;三是《中国制造 2025》与"互联网+"融合;四是打造"大众创业""万众创新"平台。本节将对每种抓手从政策支持、实施情况、当前成果三个基本方面进行综合性的阐述,力图呈现当前我国创新发展之路的基本面貌。

一、加大科技研发投入,为创新
发展之路打下坚实基础

  推动我国的创新发展之路,最直接的抓手就是加大科技研发的投入。根据国家统计局和科技部的统计,2014 年我国研发经费投入总量为 13015.6 亿元,占 GDP 比重为 2.05%;2015 年我国研发经费投入总量迈上 1.4 万亿新台阶,占 GDP 比重为 2.07%;而预计 2016 年全社会研发投入达到 15440 亿元,占 GDP 比重为 2.1%,全国技术合同成交额达 11407 亿元,科技进步贡献率增至 56.2%。我国的科研投入规模每年都在较快增长,而研发经费占 GDP 的比重更是将历史性地突破 2.1%。

在各项科技研发投入中,一般来主要分为基础研究、应用研究和试验发展经费。基础研究相关投入是奠定我国创新发展之路基础中的基础,必须予以足够的重视,近年来,我国不断加大基础研究领域的经费开支。根据国家统计局和科技部的统计,2014 年,我国基础研究经费为 613.5 亿元,比上年增长 10.6%;应用研究经费为 1398.5 亿元,增长 10.2%;试验发展经费为 11003.6 亿元,增长 9.8%。基础研究经费获得最快增长。但基础研究所占比重依然不高。2014 年,我国基础研究、应用研究和试验发展所占比重分别为 4.7%、10.8% 和 84.5%。而到了 2015 年,我国基础研究经费为 716.1 亿元,比上年增长 16.7%,增幅比上年提高 6.1 个百分点,比研发经费平均增速高 7.8 个百分点;基础研究占研发费用的比重为 5.1%,比上年提高了 0.4 个百分点,基础研究的比重实现了历史性的突破,占到了 5% 以上。2016 年的具体统计在截稿前还没有公布,但基础研究经费方面的比重肯定是更加扩大了。

近年,在研发投入的领域,我国主要针对的是高新制造和能源技术以及信息技术领域,这也是我们需要"补课"和"扩大领先优势"的一些领域,它们分别是:航空发动机及燃气轮机、智能制造和机器人、新材料的研发与应用、煤炭清洁高效利用;大数据、国家网络安全空间、深空探测及空间飞行器在轨服务与维护系统、天地一体化信息网络、智能电网等。而在这些方面,截至 2016 年底,我们已经取得多项突破,全方位带动了我国的创新发展之路的推进。根据科技部的最新统计,目前,超级计算机的研发和计算水平已经部分到达世界领先水平,亿亿次超算系统"神威·太湖之光"的运算能力达到世界第一;"千万核可扩展大气动力学全隐式模拟"首获全球超算应用最高奖"戈登贝尔奖"。在卫星定位方面,我国也取得巨大突破,羲和系统已经打通北斗应用最后一公里,实现了米级广域室内外无缝精确定位,并已经在国内 40 多个城市推广应用;在航天领域,我国发射了全球首颗二氧化碳监测卫星,使我国痕量气体卫星遥感技术达到世界先进水平,提高了我国在全球应对气候变化领域的国际话语权;在信息技术领域,拟态防御技术颠覆攻防不对称现状,有望成为网络空间安全游戏规则的改变者;在高新材料领域,硅衬底氮化镓 LED 开辟了碳化硅、蓝宝石之外的第三条技术路线,达到与发达国家并驾齐驱的水平。在工程技术方面,我国成功攻克了港珠澳大桥建造、设计和制造等关键技术,在跨海集群工程方面又取得了一个世界第一。

二、改革科研管理体制，为科研人员
创造高效科研服务平台

　　科研工作者是我国创新发展之路的中坚力量之一，正是他们日日夜夜不辞辛劳的研究工作，才使我国科学事业有了一个又一个的突破。科学合理的国家科研管理体制可以使科研人员更好地专注于科研项目本身，注重科研成果的质量，推陈出新，而不必为其他与科研相关不大的事情困扰，完善的科研管理体制是我国创新发展之路能稳步推进的制度保障。但长期以来，我国的科研管理体制——中央财政科技计划，面临着诸多难题，尤为表现为三点：

　　一是科技计划管理条块分割，项目多投重复申报。以前，30多个政府部门都有自己的科研管理系统，有近百项科技计划，项目设置和申请重复的情况屡见不鲜。

　　二是关于科研项目指南的编制问题。在之前的科研项目设立的过程中，会有一批专家学者参与到科研项目指南的编制。这就意味着会有科研机构或单位在项目申报开始之前就知道项目内容，掌握项目申报的主动权。甚至会出现有的项目是完全为某些机构之便设立的，这对于没有参与撰写编制的科研机构和单位来说是不公平不公正的。

　　三是科研经费管理制度繁冗庞杂，科研人员花在科研经费相关程序上会占用大量的时间和精力，遇到经费数额较大的，情况则加倍严重。

2014年起，我国就开始针对以上问题开展了科研管理体制的改革计划，以下新举措正在实施过程中：首先，针对科研管理平台庞杂、项目重复的问题通过建立国家科技管理平台整合资源，将所有科技计划都统一到一个平台上管理，并且将之前几百种科技计划划分为五个清晰的大类：国家自然科学基金、国家科技重大专项、国家重点研发计划、技术创新引导专项（基金）和基地人才专项。此次改革优化了科技资源的配置，聚焦了重点课题和重大任务，也避免了重复项目和重复申报问题。而对于项目指南的编制机制，为了避免出现不公平不公正的现象，每个项目指南将会在公布前提前两个月在网上广泛征求意见，并且委托独立第三方团队来对每一份项目指南进行审核，力争去掉不合适的或是有取向性的限制条件。此外，此次改革也首次公开了项目指南编制组的专家名单，对于专家们也形成了监督。最后，面对科研经费相关手续繁冗的问题，我国在科研项目预算调整、劳务费支出、间接费用分配、结转结余资金使用、差旅会议费标准等方面赋予科研单位和科研人员更大的自主权，并明确建立科研财务助理制度，减轻科研人员经费管理方面的负担。

随着改革措施的稳步推进，改革的成效也逐渐显现出来，根据科技部的统计，2016年立项实施1300个科研项目，涉及中央财政资金320多亿。与改革前相比，项目数量减少了约50%，平均资助强度则增加约54%。项目量少质优，将是以后科研管理体制改革的重点。2017 年是中央财政科技计划管理制度全面整合和优化后正式运行的第一年,改革还会继续深入下去,而精简高效的新制度也将为我国的创新发展之路提供更好的保障。

三、《中国制造 2025》融合"互联网+",
为经济转型提供澎湃动力

当前,中国经济进入新常态,制造业的转型升级成功与否是中国经济能否进一步深化发展的关键之一。中央层面出台了综合性的指导意见和设计。《中国制造 2025》与"互联网+"融合战略 2015 年第一次出现在政府工作报告中,成为国家创新发展战略之一。2015 年 5 月,国务院发布《中国制造 2025》规划,其中对于中国制造业如何升级转型进行了完整而全面的指导和规划,中国制造业的转型升级应坚持"创新驱动、质量为先、绿色发展、结构优化、人才为本"的基本方针,坚持"市场主导、政府引导,立足当前、着眼长远,整体推进、重点突破,自主发展、开放合作"的基本原则,目标是中国在 2025 年迈入制造强国行列,2035 年达到世界制造强国的中等水平,到新中国成立 100 年时进入世界制造强国前列。2016 年 5 月,国务院又印发了《关于深化制造业与互联网融合发展的指导意见》,指出要将现代信息技术切入到制造业的升级转型过程中,加强制造业企业与互联网企业的联合,加强制造业企业与互联网的深度融合,用互联网以及相关的大数据等技术资源，加强智能制造、数字制造，为自身产品打造完善的网络服务系统，发展工业电子商务业务，推动从制造到"制造+服务"转型升级。此外，在《中国制造2025》规划和《关于深化制造业与互联网融合发展指导意见》发布前后，相关各部委也联合发布了关于《中国制造2025》融合"互联网+"的细节实施指导文件，这些文件包括关于国家制造业创新中心建设、工业强基、智能制造、绿色制造、高端装备创新等五大工程实施指南，发展服务型制造和装备制造业质量品牌的两个专项行动指南，以及新资料、信息产业、医药工业和制造业人才的四个发展规划指南。《中国制造2025》与"互联网+"基本上已经完成了顶层设计工作，进入了全面实施的阶段。

根据工信部前部长李毅中的阐释，《中国制造2025》与"互联网+"融合方针可以总结为《中国制造2025》是要将信息化和工业化相结合，大力推动智能制造，"互联网+"则是实现这些的重要手段。这意味着，中国的制造业企业要通过互联网将产品的生产各环节联系起来，比如生产用的数字机床和通信系统、控制系统等，形成智能制造，再把它们和企业员工、公司规章制度、环境等联系起来，成为智能工厂，最后企业再和它的上下游以及相关利益方都联系起来就形成了完整的互联网产业链和销售链，这就是《中国制造2025》和"互联网+"融合的典型模型之一。

在《中国制造2025》融合"互联网+"的指导下，近两年我国制造业不断取得新突破。根据科技部的最新统计，在绿色制造方面,我国新能源制造产业规模稳步增长,2016 年全国新能源汽车销量达到 50 万辆,同比增长 60% 以上;国内 LED 照明产品销量超过 35 亿只,我国已成为全球最大的 LED 照明产品生产基地和应用市场。在传统能源技术领域,我国也取得了新的突破,±800 千伏特高压直流输电、1000 千伏特高压交流输变电、±320 千伏柔性直流输电等关键技术领跑世界。超超临界二次再热 1000MW 发电机组发电煤耗 255.29 克/千瓦时,再创燃煤发电效率新纪录。在高新技术领域,我国不断推陈出新,在实际应用上取得明显进展。我国首个覆盖脊柱全节段的微创手术机器人获医疗器械注册证,已完成 2000 多例临床手术;首枚金属 3D 打印人工椎体获医疗许可,成功应用于大跨度椎体重建手术;高新制造业领域取得重要成绩,首套高速齿轮传动系统成功应用于 350 公里/小时高铁。国产掘进装备突破大于 12 米盾构技术并实现工程化应用,国内市场占有率达到 80% 并实现批量出口。"数控一代"、制造业信息化等应用示范工程深入实施,研制专用数控系统及相关设备 350 多种,推广应用 22.3 万台套。

四、打造"双创"平台,发掘社会创业创新潜力

企业是创新的主体,也是我国创新发展之路的主要推动者之一。一是因为创新是企业在市场规则中赖以生存的自然法

则。二是企业家在市场压力之下是最能够发现创新潜力抓住创新机遇的一批人才。三是因为企业的最终目的是达到品牌效应,而要做到这一点就必须不断创新,提升自我价值,才能建立自己的品牌并持续吸引消费者,保持自己的市场地位。所以大力推动"双创"也成为我国创新发展战略之一。早在 2013 年 10 月一次国务院常务会议中李克强总理就强调要让创新型企业在社会资本的力量带动下,创造就业,推动新兴生产力发展,而 2014 年 9 月召开的夏季达沃斯论坛开幕式上,李克强总理首次提出要借"改革创新"的东风,形成"大众创业、万众创新"的新态势。在 2015 年,"双创"则写进了《政府工作报告》。2016 年的《政府工作报告》中,"双创"俨然已经成为我国推动创新发展之路的重要环节。

从 2013 年至今中央已经出台至少 20 份相关文件促进创业创新。其中尤其《国务院办公厅关于发展众创空间推进大众创新创业的指导意见》和《国务院关于大力推进大众创业万众创新若干政策措施的意见》这两份文件,大力推动了"双创"的开展。

从地方上看,全国各地方已经出台相关的政策鼓励措施。而国家发改委、教育部、科技部、工信部等 13 家单位和中国政府网、中国网络电视台联合举办的"发现双创之星"大型主题系列活动,则在 2015 年如火如荼地开展起来,活动旨在为中国创业者提供交流的平台和展现自我的舞台。"双创"的突出主力是青年,所以要大力调动青年积极创业、勇于创业的意识,同时也要给他们提供发挥自我的平台。2016 年，由国家发改委主办，中国科协等单位承办的全国"双创"活动周上正式启动了"中国青年创新创业金融综合服务平台"，该平台是在共青团中央和中国证券业协会的支持下，为具有创新意识、领先理念的青年创业企业提供信息展示、企业宣传、项目融资等金融和信息服务的互联网平台。此外，科技部还成立了创业投资基金，特别是在科技成果转化基金中成立了 9 只创业投资的子基金，基金规模 173 亿元，带动地方设立科技创业投资公司、基金 550 多家，资本规模超过 2300 亿。

在一系列的优惠政策和平台的支持下，我国"双创"事业已经取得了阶段性的成绩，根据科技部的最新统计，截至目前，全国众创空间数量达 4298 家，与 3600 余家科技企业孵化器、400 多家加速器形成企业孵化服务链条。这些全国众创空间有 8 万多兼职创业导师和服务创业人员，他们一般来自科研院所和各大高校或知名企业，这些人会教授创业者创业技能以及提供给他们资源。这些众创空间服务创业团队和初创企业超过 40 万家，培育上市挂牌企业近千家，提供 180 万个就业岗位，形成创新创业带动就业的良好局面。

问题五
房价还会涨吗?

2016 年的房地产市场迎来了新一轮"牛市"。1 月至 11 月,全国百城住宅价格平均累计上涨 17.83%,其中部分城市房价涨幅高达 50% 以上。10 月,国内多个房价上涨较快的热点城市再次推出了房地产调控政策。

从密集的调控政策可以感受到社会对房价高企、资产泡沫和中国经济未来的担忧——像 2016 年这样的异常涨幅还会出现吗?未来的房地产市场能否平稳健康地发展?

为此,李克强总理在 2017 年《政府工作报告》中明确提出从三个方面规范房地产市场:第一,分类调控。房价上涨压力大的城市要合理增加住宅用地,规范开发、销售、中介等行为。第二,因城施策。促进三四线城市去库存,支持居民自住和进城人员购房需求。第三,建立和完善促进房地产市场平稳健康发展的长效机制,以市场为主满足多层次需求,以政府为主提供基本保障。

《政府工作报告》中再一次体现了对房地产这一关系民生

问题的关注。近年来,中国的房地产市场过热,房价不断升高,这一问题产生的根本原因在于进入新世纪以来,人口城镇化快速发展,农村人口不断向城市转移,第二、第三产业不断向城镇聚拢。快速的城镇化不仅带来产业升级压力,更重要的是大规模的人口流动,在目前的城镇化过程中,农村的人口转移往往不是转向三四线城市和县城,而是直接向一二线城市转移。随之而来的巨量的城镇住房需求,一二线城市中刚需购房需求持续保持较高增幅。旺盛的需求为房地产市场的投资带来大幅度的炒作空间。

同时,城市房地产的繁荣带动了三四线城市的建房热潮,在短时间内大量新楼盘拔地而起。而城镇化带来的进城潮,使三四线城市以及小城镇"人去楼空",大量楼盘闲置。形成三四线城市高库存,与一二线城市的房价相比形成两极分化的局面。

在这一过程中,过热的房地产市场背后,是地方政府对土地财政和房地产业的依赖,是资本逐利投资需求的膨胀。这种现象不仅提高了系统性金融风险的发生概率,增加实体经济运行的成本和困难。也造成住房难、住房贵的问题,带来了极大的社会隐忧,因为住房是居民的基本生活需求,关系到民心向背的问题。

"居者有其屋"是自古以来中国老百姓最朴素的愿望,为了满足普通百姓对住房的基本需求,近年来,政府出台了一系列政策调节房地产市场的运行,表现出建立促进房地产市场平稳健康发展长效机制的决心。在 2017 年的《政府工作报告》中,总理对政府提出了三个工作重心:一是分类调控,继续三四线城市去库存;二是扩大供给,完善住房保障机制;三是抑制投机,维持房地产市场动态均衡。

一、分类调控,继续三四线城市去库存

首先,从全国楼市看,我国房地产行业面临着较大分化。

一二线城市房价暴涨,三四线城市平稳甚至冷清。一二线城市聚集了过多的资源,需求集中,而供给和存量相比需求都相对短缺。与此同时,随着城市集群的发展,在一线城市的带动下,二线城市异军突起,爆发出强大购买力,成为推动2016年房价上涨的主力军。

因此,在新一轮的分类调控中,一二线城市将继续以"限"和"稳"为主要调控手段。关键是要注重解决区域性、结构性问题,实行差别化的调控政策。2016年,上海、深圳等一线城市相继出台促进房地产市场平稳健康发展的相关政策,从严执行限购政策,延长了非本地居民连续缴纳个税和社保的年限,楼市差别化调控将进一步深化。同时,二线城市也在收紧调控政策,南京在苏州限涨令的基础上,加大对于高端盘价格调控力度,未来二线城市政策收紧将全面铺开。这些措施大都针对投机性需求,从限购、限贷、增加供应等多个角度,给这些地区高烧的楼市降温,促进其平稳发展。

  2016年是房地产市场分化加剧的一年,对于一二线房地产行业的限制和收紧取得一定的成效,但任务依然十分艰巨。未来楼市差别化调控将进一步深化,地价、房价过热城市或将严控杠杆甚至是有序"去杠杆",并出台增加土地供给、限购等措施。这需要从政府、市场等多维度解决问题,充分利用信贷、税收等市场调节方式,对一二线城市中突出的、带有泡沫和投机性的房地产需求予以更强有力的限制,将分化调控作为房地产调控的长效机制。

  其次,李克强总理在《政府工作报告》中特别指出,要因城施策去库存。

  目前三四线城市房地产库存仍然较多,要支持居民自住和进城人员购房需求。在核心一二线楼市从严调控的前提下,如何解决三四线城市库存过多的问题,让三四线城市成为全国楼市平稳健康发展的平衡器,仍是未来调节房地产市场的重点。

  其中,新型城镇化是去库存的根本途径,加快农民工市民化,以消化库存、稳定市场是重点之一。2016年,农民工买房量持续增加,一些城市的农民工购房量甚至超过50%。如2016年河南省政府办公厅出台政策,鼓励农民工进城购房。其中包括,研究出台扩大住房公积金制度覆盖范围的政策措施,将符合条件的农民工等纳入住房公积金受益范围等。此外,各地还纷纷出台金融优惠政策,降低农民购房门槛。在未来,进城人员的住房需求将成为未来房地产发展的巨大潜力。

  另一个重要途径是推进棚改货币化安置去库存。《政府工作报告》中明确提到了棚户区改造问题,指出要提高棚改货币化安置比例。许多三四线城市正逐步打通棚户区改造与商品房的通道,棚改越来越多地实现货币化安置。2016 年棚改货币化安置比例达到 48.5%,比 2015 年提高了 18.6 个百分点。棚改货币化安置既推动了去库存工作,又减少了重复建设,提高了效率。如去库存压力较大的内蒙古,仅鄂尔多斯一市在 2016 年就通过货币化安置消耗了 3 万套库存,有效解决了问题。

同时我们也要认识到,三四线城市去库存将是一个长期过程,不可能一蹴而就。各城市需要从自己的实际出发,稳健、审慎地出台新政,从土地供应端以及购房需求端两侧提振市民尤其是农民工购房需求,加速三四线城市去库存的进程。

二、扩大供给,完善住房保障机制

首先,土地供给紧张是导致房价过高的重要原因。随着城镇化发展,大量人口与产业涌入城市。受各种因素影响,一些一线城市实际的土地供给小于规划,造成了客观上的土地短缺。加之一些地方政府故意制造恐慌性供地,以便抬高地价。2009—2015 年期间,中国一线城市的住宅土地供应由 2009 年的超过 2000 万平方米,下降到 2015 年的 1455 万平方米;而与此相对应的住宅工地楼面均价从不足 6000 元上升到 11000 元。一线城市住宅用地价格上涨超过房价上涨,成为高房价的根本推手。

2016年在北京举行的中央经济工作会议上,明确提出了"房子是用来住的,不是用来炒的",其中特别提到了一二线城市土地供给少的问题。会议提出,要落实地方政府主体责任,房价上涨压力大的城市要合理增加土地供应,提高住宅用地比例,盘活城市闲置和低效用地。特大城市要加快疏解部分城市功能,带动周边中小城市发展,这释放出了增加土地供给的强烈信号。除了增加土地供给之外,改变城市规划方式,集约利用现有土地也是增加土地的重要途径。如日本东京,其城市街道虽然不宽,但网格状交通发达,日常通行半径缩小,生活便捷性会大大提高,日常的通行半径会缩小。同时加大了城市土地的利用率,值得国内城市借鉴。

2017年要加快研究建立符合国情、适应市场规律的基础性土地制度,促进房地产市场平稳健康发展。重点是建立分类调控制度,对土地进行"双向调控",即对房价上涨压力大的城市合理增加土地供应,调整用地结构,提高住宅用地比例,而对去库存压力大的三四线城市减少乃至暂停住宅用地供应。

其次,2017年《政府工作报告》再次明确房地产居住属性定位,指出坚持住房的居住属性,加快建立和完善促进房地产市场平稳健康发展的长效机制,以市场为主满足多层次需求,以政府为主提供基本保障。《政府工作报告》提出,今年再完成棚户区住房改造600万套,继续发展公租房,要加快城市的棚户区改造和保障房建设等进度。

当下,虽然出台了一系列鼓励措施,但保障住房的供应依旧不足。这在于地方政府倾向于将公共支出投入到更易于促进经济增长和更便于度量的公共物品供给上,而轻视保障房等不易促进经济增长和不便度量的公共物品供给,根源在于缺少划拨保障房用地的动力与激励机制。因此,增加保障房有效供给,需要依赖适宜的政府治理、完善的财政体制,以及有效的外部监督。

中央经济工作会议再次强调,增加保障房供给是让人们能够买得起以居住为属性的住房。北上广等一线城市也已经纷纷出台政策,加大保障房的供给。其中北京市政府在 2017 年的工作报告中明确今年要完成这一任务:"保障房建设筹集 5 万套、竣工 6 万套,棚户区改造 3.6 万户,完成 1.5 万套自住型商品住房供地。"

在落实保障房政策时,各级政府应增加财政投入,提高建设质量,保证公平分配,完善准入退出机制,同时建立租购并举的住房制度,多管齐下,让刚性需求尚未满足的老百姓有房住、也能买房住。

三、抑制投机,维持房地产市场动态均衡

在当前房价高升的背景下,住房的投资品属性被进一步放大。投机性购房成为房价暴涨的重要推手。在中央经济工作会

议与中央财经领导小组第十五次会议中,再度强调了"房子是用来住的,不是用来炒的"。一方面,抑制热门城市的房地产泡沫,防止出现大起大落,建立符合国情、适应市场规律的基础性制度和长效机制,完善一揽子政策组合,引导投资行为,合理引导预期,保持房地产市场稳定;另一方面,要调整和优化中长期供给体系,实现房地产市场动态均衡。

过去的一年中,巨量信贷支撑了全国房价的上涨。央行数据显示,2016 年全国新增的个人住房贷款总额约为 4.96 万亿元,是 2015 年的 1.86 倍。个人住房贷款余额为 19.14 万亿元,同比增长 35%。新增房贷总量更是 2015 年的近 2 倍。在房价涨幅较大的一二线城市,通过收紧购房信贷政策,如收紧首套房贷利率折扣,限制二套房贷款额度等,能够在满足自住需求购房的基础上,有效抑制投机性购房需求。

但是也要看到,中国房地产市场具有一定特殊性。一是结构性特征较为明显,一线城市与三四线城市房地产价格走势差异较大;二是供需具有一定刚性,住房是基本生活需求。因此信贷政策的出台也要突出差别。差别化的房地产信贷政策,一方面对带有泡沫和投机性的房地产信贷需求加以限制;另一方面,对于一些房地产库存过大的三四线城市,城市化过程中的刚性住房需求,应该给予信贷支持。这样既能促进房地产市场健康稳定发展,也能使银行信贷资产更加安全。

继续完善差别化住房信贷政策,加强房地产金融宏观审慎管理,促进房地产市场平稳健康发展,将是 2017 年金融以及房地产市场的工作重点。

同时，税收作为一种具有宏观调控功能的经济手段，在抑制投机性购房上也发挥着重要作用。采取税收杠杆工具降低炒房回报，是各国抑制投资投机性购房行为的普遍做法。在法国购房不仅要缴纳高额地皮税，还要支付住房税或空房税。近年来，我国也在税收政策上不断出击，通过税收杠杆调节房价。

如2017年元旦前后，重庆新建商品房连续两周成交量超过万套，投资投机性购房似有卷土重来之势。重庆市发布人民政府令，从2017年1月14日起对无户籍、无企业、无工作外地人新购首套及以上普通住房征收房产税，剑指"炒房"牟利行为。前不久国务院出台《关于创新政府配置资源方式的指导意见》，"支持各地区在房地产税、养老和医疗保障等方面探索创新"。

目前有研究建议，下一步政府可运用财税和监管等行政手段对市场交易进行差异化管理。如出台差别化的住房交易税费措施，区别对待各类需求。对首套普通自住房实行税收抵扣优惠，提高对二套及投机性购房的税率并缩短免征年限，研究推进房贷利息抵扣个税办法。利用税收工具抑制炒房行为，是保持房地产市场稳健运行的诸多路径中值得探索的方向。

四、建立促进房地产市场平稳健康发展长效机制

长效稳定机制建立，同时需要对深层次体制与机制进行综

合配套改革。

第一，提高投机者的交易成本，抑制炒作。长效机制的建立要遵循"房子是用来住的，不是用来炒的"这一重要原则，金融政策要立足于住房的保障居住功能抑制炒作投机实施差别化的信贷政策，增加其持有和交易环节的成本，加快房地产税改革。打破投资投机的利益机制，最直接的方式就是建立适应房地产行业、土地市场利润平均化的市场调节机制。

第二，中央政府资源配置更多地向三四线城市倾斜。之所以一二线城市能够产生聚拢效应，主要是大城市有更加完善的教育、卫生、文化、娱乐等基础设施配套。但是随着一二线城市的房价高企，部分居民已无力负担高房价的支出，这时加强建设三四线城市的基础设施以及文化、教育、卫生环境，提高三四线城市对居民的吸引力，对减少居民往大城市迁移的欲望与动力，减少大城市人口不断增加压力，减少住房刚性需求可起到一举多得的效果，这样既能化解一二线城市住房上涨压力，又可以对三四线城市去库存增加动力。

中国进入了经济新常态，面对房地产市场，需要政府将需求调控与供给调控相结合，给投机泼冷水，为刚需填柴火。处理好房地产与经济发展的关系。同时也要兼顾短期和长期的规划，促进房地产市场平稳、健康发展，这也意味着今后房地产的政策思路从注重短期效应的行政调控，转变为面向长期的全方位改革。

问题六

民生福祉怎样提升？

　　"民惟邦本,本固邦宁。"民生是为政之要,提升民生福祉,既是政府工作的根本目标,也是检验政府工作的重要标准。在2017年的"两会"上,与老百姓日常生活息息相关的民生话题仍然是关注的焦点。翻开政府报告,处处可见对民生的重视:扶贫、就业、教育、社保、消费等,无不紧扣百姓的现实需求,体现着为民造福的执政情怀。其根本出发点,就是要让人民群众真切体会到发展的成果,产生更强的获得感。李克强总理在2017年的《政府工作报告》中,对2017年的民生工作做了整体部署:要继续践行以人民为中心的发展思想,保就业、惠民生,坚持就业优先战略,城镇新增就业1100万人以上,城镇登记失业率4.5%以内;全国财政专项扶贫资金投入超过1000亿元、增长30%以上,深入实施精准扶贫精准脱贫,再减少农村贫困人口1000万以上,完成易地扶贫搬迁340万人;推动教育扶贫,重点高校招收贫困地区农村学生人数增长21.3%,免除农村贫困家庭学生普通高中学杂费,统一城乡义务教育学生"两免一补"政策;推进健康中国建设,稳步推动养老保险制度改革,划转部分国有资本充实社保基金,在全国推进医保信息联网,城乡居民医保财政补助由每人每年 420 元提高到 450 元,分级诊疗试点和家庭签约服务扩大到 85% 以上地市等等。这些无一不体现了中央政府对百姓福祉的关怀。

一、2016 年民生工作卓有成效

"乐民之乐者,民亦乐其乐;忧民之忧者,民亦忧其忧。" 2016 年作为"十三五"的开局之年,伴随着 2020 年实现全面小康"倒计时"的发令枪,即使面临经济发展压力,但政府在解民生之忧、谋民生之利上仍可谓不遗余力,取得了丰硕成果。首先,全国居民人均可支配收入年实际增长保持在 6.3%;农村贫困人口减少 1240 万人,超额完成 1000 万人的全年目标任务;贫困地区农村居民人均可支配收入比上年实际增长 8.4%,增速高于全国平均水平;农村危房改造 158 万户等。其次,着力扩大就业创业,尤其是重点解决高校毕业生和就业困难群体的就业问题。2016 年城镇新增就业 1314 万人,超额完成 1000 万人的目标任务。第三,发展更高质量更加公平的教育,加快改善贫困地区义务教育薄弱学校办学条件,教育支出年均增长 10% 以上。除上述以外,在社保、医保、社会消费等方面,国家在保障和改善民生方面的力度逐年加大,人民群众共享经济社会发展成果的获得感必将越来越强。

政府发放了一个又一个民生"红包",用实际行动证明保障民生绝不开空头支票。解决了温饱问题并正向小康社会加速迈进的中国百姓,对"美好生活"的认知和需求,正经历着"从生存到发展、到有幸福有尊严"的转变。随着中国经济社会的迅速发展,在"蛋糕"越做越大的同时,如何将蛋糕分好、让百姓吃饱,是国人关心,更是政府牵挂的大课题。解决诸多民生难题,需要党和政府在加快经济社会平稳较快发展的同时,对现有的利益格局进行大转换,将各种资源要素进行更合理的分配,从顶层设计上重新设计改革红利如何惠民的目标和措施。其责任之重、难度之大,可想而知。

如果说2016年是"十三五"的开局之年,那2017年就是承前启后的一年。民之所想,政之所向。民生问题仍是重中之重,经济越发展、社会越进步,越要重视加强社会建设、提升民生福祉。过去一年,百姓的民生获得感持续增强,但是对收入增长、养老保障、教育公平等有着更高的期待。持续提升民生福祉,使人民群众都能共享发展成果是社会和谐之基、经济发展之要,关系到我国经济社会发展的大局。只有实现学有所教、劳有所得、病有所医、老有所养、住有所居,才能实现社会的安定团结和有序运行。可以说,此次"两会"的召开体现中国政府在面对民生问题时是既有信心,也有措施的,必将为中国的民生发展再一次吹响前进的号角。相信普通百姓也能切身感受到这份"民生"大礼的厚重与实惠,从而更加坚定对中国改革发展的信心和决心。我们对此充满期待。

二、2017 年民生福祉更有盼头

在 3 月这样一个寓意着生长与希望的月份，我们看到来自各行各业的"两会"代表们广泛听取群众意见建议、精心准备提案议案，使得此次"两会"充分反映了民意、民心，集中了民智、民力，人民群众的民生诉求如百川入海般融进政府政策制定和改革规划中，从而为国家的改革发展源源不断地增添新的活力；我们听到国家领导人和"两会"代表对新时期民生工作所发出的"好声音"，在这些声音里，有对国家大政方针的企划，更有对每一人美好生活的设计。2017 年的政府工作报告指出，政府的一切工作都是为了人民，要践行以人民为中心的发展思想。对群众反映强烈、期待迫切的问题，有条件的要抓紧解决，把好事办好；一时难以解决的，要努力创造条件逐步加以解决。要咬定青山不放松，持之以恒为群众办实事、解难事，促进社会公平正义，把发展硬道理更多体现在增进人民福祉上。因此，在 2017 年，如何更好地实现脱贫扶贫，如何实现更高质量、更充分的就业，如何更好地提供教育资源、保障教育公平，如何更好地满足社会保障需要等问题，依然是党和政府关注的重点、难点，需要下大力气解决。

扶贫脱贫。"十三五"是消除绝对贫困，实现全面建成小康社会的攻坚阶段、冲击阶段。目标到 2020 年全国贫困人口全部脱贫，这意味着在 5 年时间，每年要减贫 1170 余万人，平均每月减贫近 100 万人，时间紧迫、任务艰巨，关乎亿万百姓的福祉。党的十八届五中全会提出的五大发展理念包含"共享"发展的理念，即要求实施精准扶贫、精准脱贫，因人因地施策，提高扶贫实效。当扶贫脱贫的攻坚"冲锋号"吹响，下一步扶贫工作如何开展？怎样保证精准扶贫？如何确保扶贫攻坚如期完成？这些问题是社会关注的热点，也是党和政府心之所系。习近平总书记在参加地方代表团审议时强调，脱贫攻坚越往后，难度越大，越要压实责任、精准施策、过细工作。要改进脱贫攻坚动员和帮扶方式，扶持谁、谁来扶、怎么扶、如何退，全过程都要精准，有的需要下一番"绣花"功夫。

从目前各地的脱贫举措来看，大部分贫困地区都在紧紧抓住"精准"二字，通过因地因人分类施策、对症下药，有序推进扶贫攻坚工作。例如根据各地不同自然、经济特点而兴起的产业扶贫，有效实现了生态保护、特色产业发展、群众收入提高、新型城镇化的有机结合。产业扶贫的背后，往往包含着就业转移脱贫。保障贫困群众的就业是帮助其实现脱贫最直接、最有效的手段。通过进行产业脱贫，对贫困群众开展职业技能培训，扶持其创新创业等，拓宽贫困群众的就业渠道，有效增加了群众收入。同时，各地也越来越重视教育脱贫，通过为贫困家庭子女提供更公平、更高质量的教育来阻断贫困的代际传递，避免因贫困而辍学、因辍学而致贫的发生。当然，部分地区还存在着政府部门的主体作用发挥不够、脱贫措施有限,农村低保、新农合、医疗救助、危房改造等政策衔接不畅等问题。

要实现贫困地区脱贫,紧紧靠政府的政策、资金投入是远远不够的,打铁还需自身硬,贫困户的自身努力更为重要,要摆脱"等靠要"的思想,依靠自身努力实现真正脱贫,通过辛勤劳动过上好日子。同时,还要在加大金融扶持,基础设施投资,对口支援,推动区域协调发展,培育新产业、新业态、新模式等多方面共同发力,变"输血"为"造血",齐心协力打赢脱贫攻坚战,确保到 2020 年现行标准下农村牧区贫困人口全部脱贫,贫困县全部摘帽。

保障就业。就业是最大的民生,是经济发展的基本支撑,也是脱贫扶贫的重要举措。坚持实施就业优先战略,全面提升劳动者就业创业能力,实现较充分和高质量的就业,是培育经济发展新动能、推动经济转型升级的内在要求。同时,保障劳动者获得报酬的权利,抓好职业技能培训,保障困难群体就业,鼓励和支持农民工创业等也是实施更加积极就业政策、增加群众收入、增进社会公平正义的重要举措。在面临着就业需求总量较大与结构性矛盾(招工难与就业难并存)并存的形势下,实现 2017 年要确保城镇新增就业 1100 万人以上目标的顺利完成,可谓是一个不小的考验。

解决现有问题,必须要综合施策、精准发力。对于高校毕业生,要实施好就业促进、创业引领、基层成长等计划,积极引导学生就业观念"转型",拓宽高校毕业生就业之路,促进多渠道就业创业。要突破传统的就业理念,通过政策引导等鼓励措施,扭转高校毕业生集中涌向大城市、热门行业的局面,转而向国家急需的领域和地区,尤其是向基层输送更多毕业生。基层是高校毕业生成长成才的重要平台,引导和鼓励高校毕业生到基层工作,是促进基层经济社会发展的战略抉择,也是促进高校毕业生就业创业的现实需要。高校毕业生要在不断提升自身就业能力的同时,改变眼高手低、片面追求"专业对口""一步到位"的问题,敢于从基层、从国家最需要的地方做起,以更积极主动的姿态参与到国家建设中。另外,2017 年农村转移劳动力大约为 300 万人,在保障农民工就业的同时,解决这 300 万转移劳动力的就业也是摆在我们面前的一大挑战。这就要求政府要实施积极的就业政策,将就业政策和产业政策、金融政策、贸易政策、财税政策紧密地衔接起来,通过发展经济来创造更多就业岗位,开辟、创造就业新增长空间。同时,要继续提倡"创新创业",降低创业门槛,增加创业的政策、资金、机制扶持力度,鼓励农民工转移就业,支持农民工在外就业、回乡创业,发挥创业对保障就业的倍增效应。还要在保障转岗职工转岗不下岗、确保每一个零就业家庭都有一个人实现稳定就业等方面下大力气,并通过加强公共就业服务,提高公共就业服务水平,提供高效便捷的就业服务。

教育公平。教育一头牵着国运,一头连着民生,背负着民族振兴的希望,担当着社会进步的重任,寄托着亿万家庭的期盼。习近平总书记指出,教育公平是社会公平的重要基础,要不断促进教育发展成果更多、更公平地惠及全体人民,以教育公平促进

69

社会公平正义。党的十八大以来，中国大力推进教育公平，努力办好农村教育，缩小城乡差距；提升中西部教育发展水平，缩小区域差距；推进义务教育均衡发展，缩小校际差距；加大对特殊群体扶持力度，缩小群体差距，取得了丰硕的成果。通过保障教育公平，尤其是托起底部的公平，推动实现社会公平。

推动教育公平，除了政府的普惠性政策，也要做到"精准"。各地存在的教育发展问题千差万别，决不能搞"一刀切"。例如，为解决学校规模小、师资差、质量低的问题，各地多采取学校撤并的方式来解决。但在西部贫困地区，尤其是自然条件较恶劣的地区，学校撤并往往面临着两难局面：小规模的学校被撤掉，容易造成上学难、上学远的问题，甚至造成学生的批量辍学；不撤，又无法解决学校教学质量参差不齐的窘迫。因此，在推动教育普惠公平的同时，要兼顾教育发展同群众便利需求之间的关心，更加注重系统性、整体性和协调性，让百姓从教育改革中真正获得"红利"。预计到 2020 年，城乡二元结构壁垒基本消除，义务教育与城镇化发展基本协调，我国将逐步解决"乡村弱、城镇挤"的难题。

社会保障。"老有所养、病有所医、失有所助、伤有所保"，是每个人心底的期盼，也是社会公平正义的基本要义。目前，中国社会保障覆盖面持续扩大，保障水平逐步提高。然而，社会保障属于不断上升的刚性需求。随着经济社会水平的不断发展提高，老百姓提高待遇水平的需求会强烈起来。当待遇达到一定水平，不同群体间的公平合理问题又会凸显。经济社会发展的新变化,也会给社会保障不断提出新挑战。在这样的背景下,如何积极应对挑战,实现百姓的希冀,就成为无法回避的问题。在卫生健康方面,要把人民健康放在优先发展的战略地位,以促健康、强基层、重保障为着力点,强化工作重心下移和资源下沉,切实解决基层群众看病难、看病贵的问题,让广大基层百姓享受到更优质的医疗健康服务。根据《"十三五"深化医药卫生体制改革规划》提出的医改目标,到2020年,中国将普遍建立比较完善的公共卫生服务体系和医疗服务体系、比较健全的医疗保障体系、比较规范的药品供应保障体系和综合监管体系、比较科学的医疗卫生机构管理体制和运行机制。2017年,将基本形成较为系统的基本医疗卫生制度政策框架。这也让人们对未来的健康卫生状况有了更高的期望。另一方面,随着中国逐步进入老龄化社会,养老问题成为大家越来越关心的话题。目前,中国60岁以上的人口已经超过2.3亿,人口的老龄化的确给经济社会发展带来更多压力。但是目前来看,中国的养老保险基金是收支略有结余,全民参保的实施也有效改善了抚养比,通过国有资本充实社会保障基金,通过投资运营来增加收益等举措都有力地支撑着我国的社保体系。目前,中国的社会保障正从传统模式转向现代社会保险模式,制度运行还不够成熟,改革还要全面推进,老百姓对社保问题的关注度高企。政府要给老百姓吃定心丸,通过完善制度、健全政策等手段,树立群众对制度的长远信心,更好地让社保发挥"安全网""稳定器"作用,为百姓化解后顾之忧。

问题七
供给侧改革有何蓝图？

作为今年政府工作的主线，供给侧结构性改革将促进中国经济提质增效，通过振兴实体经济增强新动能，促进经济平稳健康发展，这是让中国经济化蛹成蝶的转型升级过程。

一、供给侧结构性改革的缘起、目的及内容

1. 供给侧结构性改革是为解决供给侧和结构性的两大矛盾。

供给侧结构性改革是在我国经济步入新常态之后，由国家主席习近平提出来的，目的是为解决我国供给侧存在的问题，解决结构性的矛盾。我国经济发展根本问题不在于总量平衡，而在于结构性失衡，问题的主要矛盾出在供给侧。因此，需要加强供给侧结构性改革来提高供给的质量和效益，来优化转型和升级结构。

从消费结构来看，消费结构转型升级加快，我国商品由供不应求提高为供给过剩，各种个性化、多样化消费渐成主流，对于产品质量、高品质商品的需求显著提高，需要通过创新供给来提高和激活消费需求的重要性明显增多。只有通过提高供给侧质量和效率方能满足人民群众日益提高的消费需求，以及消费结构的变化和消费结构的转型升级。而只有在供给侧进行相应的改革和升级过程中，自然才会激发和释放消费的潜力，激发市场活力，进而推动经济快速增长。

从投资结构来看，经过改革开放三十多年来的快速发展，尤其是在大规模的投资开发建设之后，全国各工业门类齐全，不少传统产业都相对饱和，产品丰富。但是在交通等基础设施的建设及互联互通方面，尤其是在芯片等一些领域的新技术、新产品、新业态、新商业模式的各种投资机会大量涌现，这些都对产业结构提出了转型升级的要求，对创新投融资方式也提出了新的要求，需要通过结构性改革来培育新产业、生产新产品，通过结构优化升级来满足新的投资需求，消除投资的障碍，将结构优化升级作为促进经济增长的新增长极。

因此，要使中国经济实现新速度、新方式、新结构、新动力的新常态，就必须抓住供给侧结构性改革这条工作主线，把改善供给侧结构作为主攻方向，通过简政减税、放宽准入、鼓励创新，激发微观主体活力，减少无效供给、扩大有效供给，更好适应和引导需求。

2. 坚持供给侧结构性改革，目的是要实现四个转变。一是经济增速转为中高速稳定增长,二是经济发展方式从规模速度的粗放型转为质量效率的集约型增长方式,三是经济结构优化升级,调整优化升级传统产业结构,四是经济动力从传统的要素驱动、投资驱动转为创新驱动。

供给侧结构性改革,供给侧+结构性+改革,缺一不可。中国经济当前存在的主要矛盾既不在于总量也不在于周期性,而主要是结构性问题,尤其是供给侧的结构问题。供给侧结构性改革是在我国连续受到欧美金融及债务危机冲击后,外需疲弱导致钢铁、煤炭等产能过剩,供给跟不上需求变化的背景下,为应对过高的库存以及不断攀升的要素成本和供给效率低下问题,提高供给侧质量和效率及解决失衡问题所推动的重大举措。这是从提高供给的质量和效率出发,用改革来推进结构调整,扩大有效供给,适应需求变化,提高全要素生产率,更好满足人民的需要,促进经济社会持续健康发展。

3. 供给侧结构性改革还要兼顾需求侧,两手都要抓。

在做好供给侧结构性改革的同时要进一步释放国内需求潜力。推动供给结构和需求结构相适应、消费升级和有效投资相促进、区域城乡发展相协调,增强内需对经济增长的持久拉动作用。

一是要促进消费稳定增长。适应消费需求变化,完善政策措施,改善消费环境。加快发展服务消费。增加高品质产品消费。引导企业增品种、提品质、创品牌,扩大内外销产品"同线同标同质"实施范围,更好满足消费升级需求,进一步整顿和规范市场秩序。

二是积极扩大有效投资。引导资金更多投向补短板、调结构、促创新、惠民生的领域。今年要完成铁路建设投资 8000 亿元、公路水运投资 1.8 万亿元,再开工 15 项重大水利工程,继续加强轨道交通、民用航空、电信基础设施等重大项目建设。中央预算内投资安排 5076 亿元。落实和完善促进民间投资的政策措施。深化政府和社会资本合作,完善相关价格、税费等优惠政策,政府要带头讲诚信,决不能随意改变约定,决不能"新官不理旧账"。

三是优化区域发展格局。统筹推进三大战略和"四大板块"发展,实施好相关规划,研究制定新举措。推动国家级新区、开发区、产业园区等创新发展。支持资源枯竭、生态严重退化等地区经济转型发展。优化空域资源配置。推进海洋经济示范区建设,加快建设海洋强国,坚决维护国家海洋权益。

四是扎实推进新型城镇化。深化户籍制度改革,今年实现进城落户 1300 万人以上,加快居住证制度全覆盖。支持中小城市和特色小城镇发展,推动一批具备条件的县和特大镇有序设市,发挥城市群辐射带动作用。推进建筑业改革发展,提高设计水平和工程质量。统筹城市地上地下建设,再开工建设城市地下综合管廊 2000 公里以上,启动消除城区重点易涝区段三年行动,推进"海绵城市"建设,使城市既有"面子"、更有"里子"。

二、供给侧结构性改革需要做好三大创新

供给侧结构性改革是为适应和引领经济新常态,在总结实践经验基础上所进行的科技创新、制度创新、理论与实践创新。

1. 理论创新要结合实践创新。我国的供给侧结构性改革是在面临复杂变化的国际国内形势下,结合我国经济发展的规律提出来的,既不能照搬萨伊定理、拉弗曲线,也不是搞英美的供给革命,而是要结合中国国情,针对供给侧的问题进行卓有成效的改革和创新,以适应和引领经济新常态,开展有理论创新和实践创新的中国特色供给侧结构性改革。

在理论创新和实践创新当中,亟待金融创新支持供给侧结构性改革。我国发展多种形式适度规模经营是中国特色农业现代化的必由之路,离不开农业保险的有力保障。政府工作报告明确提出了今年要在 13 个粮食主产省选择部分县市,对适度规模经营农户实施大灾保险,调整部分财政救灾资金予以支持,提高保险理赔标准,完善农业再保险体系,以持续稳健的农业保险助力现代农业发展。

在加大金融支持供给侧结构性改革的同时,要严格防范和化解金融风险。对信用违约要依法处置。有效化解地方政府债务风险,做好地方政府存量债务置换工作,完善全口径政府债务管理,规范地方政府债券发行。要加强全方位监管,规范各类融

资行为,抓紧开展金融风险专项整治,坚决遏制非法集资蔓延势头,严控"影子银行"行为,加强风险监测预警,妥善处理风险案件,坚决守住不发生系统性和区域性风险的底线。

2. 制度创新是关键。供给侧结构性改革是针对体制机制存在的问题进行改革,来激发供给侧的效率和效能,使之适应和满足需求的变化。如房地产业的供给侧结构性改革就是要建立保持房地产市场平稳健康发展的长效机制。2016 年推行的土地三权分置改革,是联产承包责任制后的又一破天荒的制度创新,将激发 9 亿农民无穷的潜力,提高农业生产力。

3. 科技创新是引擎。供给侧结构性改革,无论是产品创新还是新产业培育,产业结构优化转型升级,都离不开科技创新。而科技创新,不仅将增强供给的质量和效能,而且将培养和催生新产品、新品牌、新业态、新动能,发挥科技作为第一生产力的关键作用。在互联网、移动互联网、人工智能遍布的今天,要推进大众创业、万众创新,科技加速创新引领。

三、供给侧结构性改革的五大抓手

结构改革从来就不是一蹴而就的,伴随阵痛的同时充满希望。2016 年供给侧结构性改革完成了"三去一降一补"五大任务,超额完成了煤炭、钢铁去产能任务。2017 年将继续抓住去产能、去库存、去杠杆、降成本、补短板这五大抓手,继续压减煤炭和钢铁产能,压减煤电产能及其他过剩产能。

1. 去产能要扎实有效。今年要再压减钢铁产能5000万吨左右,退出煤炭产能1.5亿吨以上。同时,要淘汰、停建、缓建煤电产能5000万千瓦以上,以防范化解煤电产能过剩风险,提高煤电行业效率,为清洁能源发展腾空间。要严格执行环保、能耗、质量、安全等相关法律法规和标准,更多运用市场化法治化手段,有效处置"僵尸企业",推动企业兼并重组、破产清算,坚决淘汰不达标的落后产能,严控过剩行业新上产能。去产能必须安置好职工,中央财政专项奖补资金要及时拨付,地方和企业要落实相关资金与措施,确保分流职工就业有出路、生活有保障。去产能要抓住"牛鼻子"。我国"僵尸企业"还有10多万家,占有还息贷款超过5万亿元,应加快市场出清。

去产能要按照企业主体、政府推动、市场引导、依法处置的办法,研究制定全面配套的政策体系,因地制宜、分类有序处置,稳妥处理保持社会稳定和推进结构性改革的关系。要依法为实施市场化破产程序创造条件,加快破产清算案件审理。要提出和落实财税支持、不良资产处置、失业人员再就业和生活保障以及专项奖补等政策,资本市场要配合企业兼并重组。尽可能多兼并重组、少破产清算,做好职工安置工作。要严格控制增量,防止新的产能过剩。

2. 去库存要因城施策。要坚持以市场为主满足多层次需求,以政府为主提供基本保障。解决一二线城市的高房价和三四线城市的高库存,保障自住性住房需求,限制投机性住房需求。加快建立促进房地产市场平稳健康发展的长效机制。

去库存重点是去除三四线城市过多库存，支持居民自住和进城人员购房需求。坚持住房的居住属性，落实地方政府主体责任，加快建立和完善促进房地产市场平稳健康发展的长效机制，以市场为主满足多层次需求，以政府为主提供基本保障。加强房地产市场分类调控，因城施策，规范开发、销售、中介等行为。今年再完成棚户区住房改造600万套。

3. 去杠杆要积极稳妥。把握好稳的工作总基调，要在控制总杠杆率的前提下，把降低企业杠杆率作为重中之重。促进企业盘活存量资产，推进资产证券化，支持市场化法治化债转股，加大股权融资力度，强化企业特别是国企财务杠杆约束，逐步将企业负债降到合理水平。

4. 降成本要多措并举。要开展降低实体经济企业成本行动，打出"组合拳"。要降低制度性交易成本，转变政府职能、简政放权，进一步清理规范中介服务。要降低企业税费负担，进一步正税清费，清理各种不合理收费，营造公平的税负环境，研究降低制造业增值税税率。

尤其要在控制总杠杆率的前提下，把降低企业杠杆率作为重中之重。促进企业盘活存量资产，推进资产证券化，支持市场化法治化债转股，加大股权融资力度，强化企业特别是国有企业财务杠杆约束，逐步将企业负债降到合理水平。2017年将继续推进减税降费，降低中小微企业的税费及非税负担。为扩大小微企业享受减半征收所得税优惠的范围，提高年应纳税所得额上限由30万元提高到50万元；科技型中小企业研发费用加计扣除比例由50%提高到75%。大幅降低非税负担。全面清理规范政府性基金收费等，降低制度性交易成本，降低用能、物流等成本，形成竞争优势。

5. 补短板要精准加力。结合实施"十三五"规划确定的重大项目，加大补短板力度，加快提升公共服务、创新发展、资源环境等支撑能力。补短板还要多措并举。补齐基础设施、公共服务等领域的短板，培育竞争新优势。

一是全面清理规范政府性基金，取消城市公用事业附加等基金，授权地方政府自主减免部分基金。二是取消或停征中央涉企行政事业性收费35项，收费项目再减少一半以上，保留的项目要尽可能降低收费标准。各地也要削减涉企行政事业性收费。三是减少政府定价的涉企经营性收费，清理取消行政审批中介服务违规收费，推动降低金融、铁路货运等领域涉企经营性收费，加强对市场调节类经营服务性收费的监管。四是继续适当降低"五险一金"有关缴费比例。五是通过深化改革、完善政策，降低企业制度性交易成本，降低用能、物流等成本。各有关部门和单位都要舍小利顾大义，使企业轻装上阵，创造条件形成我国竞争新优势。

"三去一降一补"要科学施策，不搞一刀切。深化供给侧结构性改革，一是去产能决不能行政手段平均用力，更多使用市场化法治化手段；二是去产能要结合行业特点，更加科学合理有效，不能为完成任务而去产能。煤炭去产能曾规定276天就不符合煤炭的连续作业的生产规律，而钢铁去产能也不能搞平均主义。三是实现优胜劣汰。去产能要硬化环保、安全、能耗等指标，去产能首先就要淘汰那些不达标、不合规的产能。进而才能实现经济中高速、产业结构中高端。

四、供给侧结构性改革的关键领域

供给侧结构性改革既要全方位又要抓好关键领域，尤其是在房地产业、实体经济等领域推进改革。

1. 房地产供给侧结构性改革抓好定位，建立长效机制。

即精准定位房子是用来住的不是用来炒的，增加保障房供给，优化盘活闲置土地，支持自住购房，限制投机购房。房地产供给侧结构性改革关键是解决一二线城市高房价和三四线城市高库存。

2. 供给侧结构性改革要着力振兴实体经济。

强化科技和制度创新，发展中国智造，加快培育新产业、新动能。尤其是加大科技创新力度，深入推进"互联网+"行动和国家大数据战略，加强农业供给侧结构性改革，重农固本，是安民之基。深入全面实施《中国制造2025》，将中国制造向中国智造、中国品牌提升，要通过供给侧结构性改革，降低制度性交易成本，提升中国实体经济的核心竞争优势。

3. 实体经济的发展也离不开服务业的发展。

我国服务业在 GDP 的占比过半，成为中国经济增长的火车头。但服务业发展还远远无法满足社会需求,无论是教育、医疗还是旅游,都需要增加供给及效率,来满足日益增长的需求。供给侧结构性改革要适度扩大总需求并提高有效性,找准发力点扩内需,适应甚至引领需求。使供给侧改革和需求侧管理相辅相成、相得益彰。

五、供给侧结构性改革要进一步 理顺政府与市场的关系

发挥市场在资源配置中的决定性作用,更好发挥政府作用。一是全面深化各领域改革,加快推进基础性、关键性改革,增强内生发展动力。二是更多用市场化、法治化手段,淘汰产能过剩行业的不合规企业。三是继续简政放权、放管服,提供良好环境。四是综合施策共同推进。财政政策要更加积极有效,货币政策要稳健中性,加大金融支持力度。加大政府与社会资本合作落地来支持供给侧结构性改革。

作为今年乃至"十三五"的工作主线,供给侧结构性改革要坚持宏观政策要稳、产业政策要准、微观政策要活、改革政策要托底的总体思路。要坚持创新引领,实施创新驱动发展战略。唯有齐心协力,共克时艰,中国经济这艘巨轮方能行稳致远。

问题八

金融形势是否稳定？

2017 年政府工作报告中，"金融风险"的提法共出现四次、"金融安全"共出现两次，这是以习近平同志为核心的党中央在新经济形势下，更加重视金融安全的具体体现。自 2014 年起，本届政府历次"两会"政府工作报告中均提到了金融体制改革问题，而今年在"抓好金融体制改革"的相关论述中，"风险"一词就出现了五次，为历届之最。这反映了今年政策层金融体制改革重心的转变——由"效率优先"到强调金融安全，防控金融风险。这样的转变背后反映了我国当前经济金融形势怎样的变化和走向？2017 年的金融体制改革，政府的着眼点在哪里？

一、金融体制改革的发展脉络以及演进方向

自 2014 年"两会"起至今，通过对政府工作报告有关金融体制改革部分的梳理，可以窥见某些领域改革的持续性，也可以

发现某些领域改革重点和方向的演变。

"利率市场化""普惠金融""维持人民币汇率稳定""发展多层次资本市场""服务'三农'"是近年来"两会"政府工作报告中的常客,而诸如"存款保险制度""股权众筹融资""信贷资产证券化""深港通""投贷联动""区域性股权市场"等则是伴随着我国金融市场的发展而出现在政府工作报告中,成为当时一段时间乃至今后我国金融市场发展的风向标。

需要注意的是,政府对于金融的本质功能一直存在清醒的认知,历届政府报告均强调金融服务实体经济的作用。2014年,提出让金融成为一池活水,更好地浇灌小微企业、"三农"等实体经济之树。2015年,提出"围绕服务实体经济推进金融改革"。2016年,提出"提高金融服务实体经济效率",2016年,提出"增强服务实体经济能力,防止脱实向虚"。

关于互联网金融,"两会"政府工作报告中的提法经历了从2014年"促进互联网金融健康发展"到2016年"规范发展互联网金融",再到今年对"互联网金融等累积风险要高度警惕"的演变。这反映了有关部门对互联网金融由最初的鼓励其发展到逐步开始警惕其风险的认识转变过程。

关于金融监管体制改革,"两会"报告也反映了政府部门监管思路的调整,例如2015年强调"创新金融监管",2016年要求"加快改革完善现代金融监管体制","实现金融风险监管全覆盖",今年则提出"稳妥推进金融监管体制改革"。

由此可见,"防控金融风险"问题逐渐引起相关部门重视,成为今年金融体制改革的重头戏,这主要是由我国当前的金融经济形势决定的。过去一年来,受英国脱欧、美国大选、美联储加息等事件影响,国际金融市场持续动荡,大宗商品价格一波三折,人民币面临贬值压力,而中国国内金融风险也在积聚,热点城市房地产价格上涨过快的问题屡遭质疑,商业银行的不良贷款率有所上升,企业和地方政府杠杆率过高,影子银行成为金融机构逃避监管的"法外之地",线下非法理财平台"跑路"以及校园高利贷风险事件所暴露的互联网金融风险越来越引起有关部门的注意。

这些问题在今年的政府报告中均有所反映,如指出过去一年"走过的路很不寻常","世界经济和贸易增速 7 年来最低、国际金融市场波动加剧",提出"坚持汇率市场化改革方向,保持人民币在全球货币体系中的稳定地位","不良资产、债券违约、影子银行、互联网金融等累积风险要高度警惕"等。

二、不能忽视金融领域的"五大风险"

在今年的政府工作报告中,总理主要提到了"五大风险"——从国内来看,主要包括不良资产、债券违约、影子银行以及互联网金融风险,同时中国已经成为世界第二大经济体、第一大贸易国以及资本净输出国,面对国际金融风险必然不能独善其身。那么,这"五大风险"当前的状况如何?

1. 不良资产。银行的不良资产问题关系到银行系统是否稳定,是诱发金融危机的关键性问题。根据国际货币基金组织(IMF)统计,1980 年以来,各成员国由于银行不良资产比率过高引发的金融问题占所有发生金融问题的 66% 以上,而由于不良资产比率过高引发金融危机的占 58% 以上。我国的国有商业银行在银行体系中一直占据着主导地位,是企业、政府和个人融资的主要渠道,加之国有商业银行资产结构比较单一,主要资产为银行贷款,因此其不良贷款也就成为不良资产风险的主要来源。

中国银监会主席郭树清在今年 3 月 2 日国新办新闻发布会上通报,截至 2016 年末,银行业金融机构不良贷款率 1.91%,较上年末下降了 0.02 个百分点,其中商业银行不良贷款余额为 15123 亿元,较上季度末增加 183 亿元;不良贷款率为 1.74%,较 2015 年末上升 0.07 个百分点。国际通行标准认为,金融机构不良资产率警戒线为 10%。尽管我国的不良率与国际相比仍处在可接受的范围,银行不良贷款风险总体可控,但我国不良率最近几年一直呈增长态势,因此必须引起我们的重视。

我国银行不良贷款产生的主要原因在于我国国有商业银行的市场化经营机制尚未完全建立,在发放贷款过程中往往受到地方政府的影响较大,银行贷款也大量流向国有企业,甚至是一些产能过剩行业、经营状况长期亏损的“僵尸企业”,产生大量银行坏账。另外,国有商业银行自身金融产品创新不足,银行内部控制和外部金融监管也存在短板。

2. 债券违约。2014 年 3 月，公募债券"11 超日债"成为第一只违约债券，终结了中国债券市场"刚性兑付"的神话。一方面，"债券违约"的出现意味着债券市场实现优胜劣汰、开启市场化定价机制；另一方面，三年来违约债券接连出现，特别是 2016 年违约债券爆发式增长，截至 12 月 31 日，2016 年全年违约债券共 79 只，同比增长 243%，涉及违约主体 34 个；违约总金额高达 403 亿元，同比增长 220%。这不得不引起监管部门的注意。

从行业看，违约债券主要集中在建材、钢铁、机械设备等强周期产能过剩的行业，例如东北特钢年内第九次违约，江西赛维子集团重整方案再次遭拒、广西有色破产重整变清算等。这说明，我国供给侧结构性改革取得进展的同时，也给过剩产业带来了经营压力。今年政府工作报告指出，以钢铁、煤炭行业为重点去产能，全年退出钢铁产能超过 6500 万吨、煤炭产能超过 2.9 亿吨。"去产能"伴随而来的是银行资金对过剩行业收紧，对本来就经营困难的企业来说无疑是雪上加霜，资金链断裂，最终导致债券违约。

从企业类型看，在 2016 年 34 家违约主体中，地方国有企业 6 家，违约总额占比将近 40%，民营企业多达 22 家，违约总额占比 37%。民营企业虽然违约数量多，但单笔金额较小，风险相对可控，反观国有企业虽然违约数量少，但违约金额大，且缺乏还款动力，出现赖账逃债行为的概率较大。因而出现了"国企违约是因为不想还，民企是因为还不起"的说法。

债券违约背后隐藏的潜在风险不容小觑，不仅会使企业的经营难以为继，而且会导致债券利率升高，企业借款成本进一步升高，无法有效地服务实体经济。另外，如何处置债券违约行为特别是刻意赖账的国有企业，也关系到国有企业的经营活力以及债券市场未来资金使用效率。

3. 影子银行。国际货币基金组织（IMF）将"影子银行"定义为正规银行监管体系之外的金融媒介活动。央行行长周小川去年在华盛顿出席 IMF 举办的中央银行政策研讨活动时谈到，影子银行主要分包括影子银行机构和影子银行活动。影子银行在中国主要表现在银行表外理财产品以及各类非银行金融机构销售的类信贷类产品，不受监管的民间金融，如民间借贷、地下钱庄等。由此可知，影子银行的本质特征就是逃避监管。

中国的影子银行自 2010 年以来规模迅速扩大。根据穆迪测算，2016 年上半年，中国影子银行的总规模达 58 万亿元人民币。央行数据显示，截至 2016 年底，中国银行业的表外理财产品超过了 26 万亿元人民币，同比增长 30%。监管套利、通道业务、链条太长，中国影子银行体系的扩张给我国的金融体系埋下了风险隐患。2008 年金融危机的"始作俑者"美国住房按揭贷款证券化就是影子银行无序发展的结果，美国的影子银行产生于金融机构迫于生存竞争而进行的金融创新活动，其中的教训值得我们警惕。

中国银监会主席郭树清 3 月 2 日在国新办新闻发布会上指出，对于不同金融机构的资产管理业务，由于监管主体、法规不同，"出现了一些混乱，导致了一部分资金所谓的脱实向虚"。周小川也曾提出，"导致影子银行发展迅速的首要原因是监管真空和监管套利，影子银行获得较高利润，而传统金融机构则会纷纷效仿。"影子银行的出现，一方面是银行业等金融机构为追求利润监管套利，另一方面也是因为当前的金融监管体制存在监管真空地带，给了影子银行可乘之机。

4. 互联网金融。互联网金融概念的提出始于 2012 年，其发展伴随着我国互联网企业的成长，中国经济增长和金融创新是其诞生的土壤。阿里巴巴创始人马云曾经提出，全世界除中国以外并没有任何其他国家诞生真正的互联网金融。然而互联网金融的本质还是金融，是互联网信息技术与传统金融相结合的产物，因而不仅具备了传统金融固有的风险，如流动性风险、利率风险、信用风险，也兼具了互联网技术层面带来的操作风险、信息安全风险等。两者的结合使风险成倍放大，因其在当前缺乏如传统金融那样的严厉监管，如缺乏对资本充足率等资本监管、杠杆倍数不受限制等，导致了期限错配、杠杆过高、资产质量下降等风险隐患，成为近年来影子银行迅速扩张的罪魁之一。

2016 年，互联网金融风险延续 2015 年继续扩散的态势，线下非法平台跑路事件频发，截至 2016 年 11 月，跑路平台已达到近 800 家。《金融蓝皮书：中国互联网金融行业分析与评估（2016—2017）》显示，我国互联网金融（网贷）平台绝对数量创历史新高，已达 5879 家。同时，问题平台累计达到 2838 家，问题平台中，"跑路"、停业类型的问题平台数量占比分别为 55%

和15%。与此同时,"校园贷"变"高利贷",造成大学生因还款不起而自杀的恶性事件引发了广泛关注。互联网金融的其他领域如支付、消费金融、股权众筹等领域的金融风险也受到监管层的关注。

5. 国际金融风险。本届政府工作报告在回顾过去一年工作中提到"我国发展面临国内外诸多矛盾叠加、风险隐患交汇的严峻挑战"。2017年我国金融体制改革的推进,对内要面对处在改革攻坚期的国内经济环境的不确定性,对外则要面对国际"逆全球化"趋势、各国货币政策分化、美联储加息等国际经济政治事件带来的国际金融市场的动荡。因而,"防范金融风险"不仅应当警惕国内金融风险隐患,更应当增强抵御国际金融风险的能力。

过去一年,国际金融市场云谲波诡。受英国脱欧、欧洲经济疲软等影响,英镑、欧元汇率大幅贬值;美国经济的复苏和美联储加息的预期,导致中国人民币面临贬值和资本外流的压力,国家统计局数据显示,2016年全年人民币平均汇率为1美元兑6.6423元人民币,比2015年贬值6.2%;受国际大宗商品价格回升的影响,我国某些制造企业的生产成本提高,导致经营困难、资金链条断裂、债务违约等问题,进而波及银行及资本市场;特朗普当选也有可能给全球金融市场带来持续震荡。

国际金融市场波动加剧的背后是全球经济持续低迷,IMF预计2016年全球经济增长幅度仅为2.4%,WTO预估全球贸易增速仅为1.7%,正如"两会"报告中提到,"世界经济贸易增速7年来最低"。在此大背景下,失业率增加,社会不安定因素增加,地区动荡加剧,"主要经济体政策走向及外溢效应变数较大"。

三、化解金融风险是金融体制改革任务的重中之重

面对新的国内国际形势,如何守住金融安全底线,成为今年推进金融体制改革任务的重中之重。对此,政府工作报告在部署 2017 年重点工作任务中提到"促进金融机构突出主业、下沉重心,增强服务实体经济能力,坚决防止脱实向虚"。同时提到,"对不良资产、债券违约、影子银行、互联网金融等累积风险要高度警惕。积极稳妥推进金融监管体制改革,有序化解处置突出风险点,整顿规范金融秩序,筑牢金融风险'防火墙'"。这为我们有效地化解金融风险提供了两条基本思路:做强实体经济是支撑金融稳定的根基,而加强金融监管则为金融服务实体提供了制度上的保障。

关于增强金融服务实体经济的能力,本届政府在历次政府报告中均有提及,取得了可喜的进展。就本次政府报告来说,银行层面,提及了普惠金融、缓解中小微企业融资难融资贵、服务"三农"等问题;资本市场层面,提及了深化多层次资本市场改革、规范发展区域性股权市场等问题;保险层面,提出要拓宽保险资金支持实体经济渠道。最后提及了绿色金融,这是 2016 年在杭州举办的 G20 峰会上中国对世界经济的建设性贡献。

　　银行层面,中国银监会主席郭树清在3月2日国新办新闻发布会中就提出,"银行业金融机构要积极配合农业供给侧结构性改革","探索推广债委会联动,共设偿付基金,'银政保'合作,银税互动等融资模式对中小企业、小微企业的服务,从根本上寻找互利共赢的破解之道"。资本市场层面,目前新三板挂牌企业股权融资已经累计达到2900多亿元,成为中小微企业的发展的重要支撑。新三板改革将是今年多层次资本市场改革的一项重要任务,同时区域性资本市场也可以成为中小微企业股权融资的重要渠道。保险层面,2016年,我国农业保险提供的风险保障为2.2万亿,年均增速达到了38.8%,通过推广农业保险+农业信贷的合作模式,一些原来拿不到抵押贷款的种养殖大户获得了资金支持,成为保险业支持实体经济的明显标志。另外利用保险业务协同的优势,将保险资金用于支持农村经济发展,为农户、农业合作社和小微企业提供了融资来源。作为首次出现在政府工作报告中的"绿色金融",在中国面临的资源环境问题日益严峻,倡导生态文明建设绿色发展、保卫蓝天白云的背景下,也获得了快速发展。2016年1月,中国成立了G20绿色金融研究小组,2月在上海举办的G20财长及央行行长会议上,绿色金融被列入重点议题。2016年8月,人民银行等七部委发布《关于构建绿色金融体系的指导意见》。

　　政府工作报告在2017年的工作总体部署继续强调了供给侧改革要持续激发微观主体活力,完善强农惠农政策以及加大生态环境保护治理力度。由此预见2017年的金融体制改革在服务实体经济方面也将会重点围绕这些领域进行。

防范金融风险,不仅要振兴实体经济,还要用金融监管扎牢制度笼子。关于加强金融监管方面,政府工作报告主要提到了两点,一是警惕"四大风险",化解风险点;二是规范金融秩序,筑牢金融风险"防火墙"。在金融监管方面,"一行三会"的工作各有侧重,"三会"偏重微观审慎监管,而央行偏重宏观审慎监管。"一行三会"如何在今年的金融体制改革中特别是金融风险防范方面各自发挥作用? 它们之间将如何建立金融协调监管机制,都是本届"两会"重点关注的问题。

各主管部门都对这个问题作出了回应。郭树清在谈及银行业监管时谈到,要治理金融业乱象,参照国际监管标准,全面梳理银行业各类业务监管规则,尽快杜绝"牛栏关猫"的监管空白。比如互联网金融问题,作为 P2P 网贷的监管机构,银监会等四部门发布了《网络借贷信息中介机构业务行动管理暂行办法》,以负面清单的形式划定了业务边界,并且确立了备案管理的要求,建立了 P2P 网贷资金存管机制,提出了强制信息披露要求。互联网金融在 2016 年迎来了"监管元年",其风险得到有效的控制。关于债券违约问题,2016 年下半年证监会对四类共 157 家债券发行人开展了专项现场检查,今后证监会将继续加强公司债券事中事后监管,进一步完善风险监测防控机制。中国保监会主席项俊波在 2 月 22 日针对 2016 年底"侨兴债"违约事件评价其为"一个经济风险向金融领域传导,而金融风险又在不同金融机构之间交叉传递的典型案例",并提出下一步要进一步规范互联网保险业务。

关于作为"影子银行"主体的银行表外理财业务，央行行长周小川表示由"一行三会一局"组成的金融监管协调部际联席会议已经就资产管理的定义、范畴、存在的问题初步达成了一致意见，今后可能会将问题细化并作出初步规范，可以预见2017年大资管业务的协调监管将取得进展。

我国正在进行的经济结构调整有利于中国经济持续健康增长，人民币汇率不存在持续贬值的基础，外汇储备下降是正常现象，不应反应过度，资本流入流出总体比较健康，央行的有关监管政策不会发生大的变化，但需要在执行监管层面更加精细。

四、如何理解稳健中性的货币政策

今年总理在报告中提出，要坚持稳健中性的货币政策，如果我们对比前几年的表述，会发现有一点变化。2015年，政府工作报告中的表述是"有效实施积极的财政政策和稳健的货币政策"，2016年的表述是"稳健的货币政策要灵活松紧适度"。从中可以看出我们的货币政策的表述越来越清晰明确。

就货币政策来说，实际上可以存在扩张性货币政策、紧缩性货币政策以及中性货币政策。在实践中，由于我们的社会时刻处于人口、技术等因素不断变化的过程中，因此中性货币政策难以把握，也就是说，实施中性货币政策存在很多条件限制，这些条件包括信息环境、央行信誉等,由于我国目前的货币政策主要还是执行宏观调控为主旨,它往往只是政策管理者所追求的目标,中性货币政策还没有发挥出它的作用。

这次明确提出货币政策稳健中性,说明是央行指导思想的重大变化,也就是说,以后的实际操作中,货币政策作为宏观调控的职能在减弱,减少以通货膨胀为代价刺激经济的增长,从而保证了市场机制可以不受干扰地发挥资源配置的作用,减少了经济中的"扭曲"现象,最终实现经济更高质量的增长。

值得注意的是,本次政府报告提出今年国内生产总值增速预期目标为6.5%左右,是最近20多年来最低的经济增长速度。过去多年我国经济增长往往超过8%甚至两位数增长,与此同时,M2和社会融资规模的增长目标为12%,较去年13%的目标有所下降,不可否认,货币政策扩张带来的经济刺激也起了作用,这也是导致我国部分行业存在产能过剩的原因之一。如果经济发展适当降低速度,可以让中国的企业更加从容地提高经济发展质量,加快供给侧改革,为长远发展打好基础,稳健中性的货币政策将减少因为货币宽松给经济带来的刺激作用。这恰恰跟我国正在着力破解的产能过剩问题、"三去一降一补"、企业转型升级以及绿色发展问题,紧密地联系起来,可以说从宏观货币政策方面很好地配合了供给侧的改革。

另一方面,中性的货币政策,离不开及时、真实的经济信息。随着这些年我国信息化的建设,经济信息收集、统计、分析都有了飞跃发展,我们可以定期得到我国政府部门发布的如进出口、

CPI、PPI、外汇储备等一系列数据，这些都离不开信息化系统作为支撑。去年查处辽宁省的统计造假事件，就是为了确保统计数据的真实、准确、全面、及时，这对稳健中性的货币政策提供了数据基础。反过来，真实可靠的数据提高了政府的公信力，明确、透明的政策导向有利于引导社会的预期，有利于准确把握中国经济走向，也降低了金融市场大幅波动的风险。

问题九
抗击雾霾如何取胜？

在过去的一年里，我们和雾霾有过众多的"亲密接触"，雾霾可以说取得了我国大多数城市的常住户口，"陪"全国人民走过了诸多重要时刻。1)2016 年 12 月 16 日至 21 日期间，中国中东部地区遭遇该年冬季最大范围雾霾天，灰霾面积一度达到 188 万平方公里，相当于中国国土面积的 1/5；京津冀及周边地区共有 27 个城市启动了红色预警，18 个城市启动橙色预警。2)2016—2017 年跨年期间雾霾又再次肆虐全国，京津冀及周边地区 60 多个城市启动黄色及以上预警，民众在雾霾中辞旧迎新，网友戏称这是一场"跨年霾"。3)2017 年春节期间，迎接人们的不仅仅是盼望已久的阖家团圆，还有"不离不弃"的雾霾：受燃放烟花爆竹影响，全国 338 个地级及以上城市中，近三分之一发生了重度及以上污染。4)在今年"两会"期间，雾霾也特意光顾，再次刷新存在感。在刚刚召开的第十二届全国人民代表大会第五次会议上，国务院总理李克强在政府工作报告中首次提出"坚决打好蓝天保卫战"，这一掷地有声的要求，体现了政府"铁腕治霾"的坚定决心。在这之后雾霾的气焰似乎才被打压下去,蓝天白云重现北京。

2013年我国开始全面治理大气污染、实施《大气污染防治行动计划》("大气十条"),"大气十条"提出了两条核心指标,到2017年,一是"京津冀、长三角、珠三角等区域细颗粒物浓度分别下降25%、20%、15%左右",二是"北京市细颗粒物年均浓度控制在60微克/立方米左右"。2013年至今已经过去四个年头,雾霾的曝光度似乎越来越高,大众对雾霾的感受也越来越深,那么抗击雾霾能够取胜吗?如何取胜?

一、2016年各项措施取得良好进展

在刚刚召开的第十二届全国人民代表大会第五次会议上,政府工作报告大幅增加了大气污染防治的篇幅,直面回应群众的关切。这实际上也是政府发出的一个信号,就是要以更大的力度来治理大气污染。报告在"2016年工作回顾"中指出,绿色发展取得新进展,"二氧化硫、氮氧化物排放量分别下降5.6%和4%,74个重点城市细颗粒物(PM$_{2.5}$)年均浓度下降9.1%。优化能源结构,清洁能源消费比重提高1.7个百分点,煤炭消费比重下降2个百分点。"

1. 总体指标已经向好。2016年作为"十三五"开局之年,全国大气污染治理取得了良好进展。2016年,338个地级及以上

城市细颗粒物(PM₂.₅)平均浓度同比下降6.0%,优良天数比例同比提高2.1个百分点。经济产业结构继续优化调整,钢铁煤炭等高污染高能耗行业过剩产能得到有效化解。2016年煤炭消费量比上年下降4.7%,实现全国煤炭消费量连续三年下降。全国万元国内生产总值能耗下降5.0%。

2. 环保措施稳步推进。环评源头预防作用切实发挥,京津冀、长三角和珠三角地区战略环评得到深入推进,国家层面对11个不符合环境准入要求的"两高一资"、低水平重复建设和产能过剩项目从建设项目环评准入方面不予审批。对15个省区市开展中央环保督查,推行环保党政同责。河北、重庆率先启动省以下环保机构监测监察执法垂直管理改革实施工作。

3. 绿色金融开始发力。2016年8月31日,人民银行牵头的七部委共同发布了《关于构建绿色金融体系的指导意见》,为建立健全我国绿色金融体系、动员和激励更多社会资本投入绿色产业、多维度创新满足绿色产业投融资需求,明确了政府部门推动金融机构绿色发展的出发点、推出了创新性的绿色金融工具和手段。截至2016年6月末,21家主要银行金融机构绿色信贷余额达7.26万亿元,占各项贷款的9.0%。其中,节能环保、新能源、新能源汽车等战略性新兴产业贷款余额1.69万亿元,节能环保项目和服务贷款余额5.57万亿元。预计可年节约标准煤1.87亿吨,减排二氧化碳当量4.35亿吨(相当于北京7万辆出租车停驶298年或相当于三峡水电站发电7.4年形成的二氧化碳减排当量),减排化学需氧量397.73万吨、氨氮43.45万吨、二氧化硫 399. 65 万吨、氮氧化物 200. 60 万吨,节水 6. 23 亿吨。绿色债券市场 2016 年初才启动,一年发行量超过 2000 亿元人民币,发行量从无到有(从 zero 到 hero),一举占据全球三分之一强,已成为全球最大的绿色债券市场。据不完全统计,包括内蒙古、云南、河北、湖北在内的地方政府已建立起绿色发展基金或环保基金,20 多家企业设立了总额近 500 亿元的环保产业基金。

二、治霾形势仍然严峻

在看到这些可喜进步的同时,我们同样应该意识到治霾之战仍然形势严峻。总理的政府工作报告提出"环境污染形势依然严峻,特别是一些地区严重雾霾频发"。

1. 治理目标难度凸显。2013 年到 2016 年四年间,北京的细颗粒物年均浓度从 89. 5 微克/立方米降低到 73 微克/立方米,下降了 18. 4%左右;而按照"大气十条"提出的"60 微克/立方米"控制目标,还需要在 2016 年基础上下降 17. 8%。在较低的细颗粒物浓度基础上进一步治理雾霾,难度迅速加大,而2017 年一年的下降比例要达到前四年的下降比例,面临的困难是不言而喻的。

2. 高污染的经济结构尚未改变。我国严重的环境污染在很大程度上与高污染的产业结构、能源结构和交通结构有关。我国工业总产值占 GDP 的比重约为 40%,重工业产值占 GDP 的比重高达 30%,而重工业单位产出所产生的空气污染是服务业的 9 倍。我国 2016 年煤炭消费量占能源消费总量的 62.0%,占比近三分之二;水电、风电、核电、天然气等清洁能源消费量占能源消费总量的 19.7%,占比不到五分之一;而燃煤产生的空气污染是清洁能源的 10 倍。我国城市地铁出行的比例只有 7%左右,在同样的运输量情况下,私家车产生的污染是地铁的 10 倍。虽然近年来我国推动产业结构、能源结构、交通结构不断优化调整,但其重污染的特征仍然存在,尚未发生根本性的转变。面对这一国情,蓝天保卫战更是攻坚战和持久战。

三、多措并举,战胜雾霾可期

2017 年是"大气十条"的收官之年,总理的政府工作报告指出治理措施需要进一步加强,坚决打好蓝天保卫战,蓝天必定会一年比一年多起来。

1. 三大目标清晰。总理的政府工作报告提出关于雾霾治理的"三大目标":今年二氧化硫、氮氧化物排放量要分别下降 3%,重点地区细颗粒物(PM2.5)浓度明显下降。

2. 五大目标明确。政府工作报告给出明确的"作战方案"——科学施策、标本兼治、铁腕治理。从加快解决燃煤污染到全面推进污染源治理,从加强机动车排放管理到应对重污染天气,报告里每一项任务部署都是冲着"啃硬骨头"去的。

一要加快解决燃煤污染问题。全面实施散煤综合治理,推进北方地区冬季清洁取暖,完成以电代煤、以气代煤 300 万户以上,全部淘汰地级以上城市建成区燃煤小锅炉。加大燃煤电厂超低排放和节能改造力度,东中部地区要分别于今明两年完成,西部地区于 2020 年完成。抓紧解决机制和技术问题,优先保障可再生能源发电上网,有效缓解弃水、弃风、弃光状况。加快秸秆资源化利用。

二要全面推进污染源治理。开展重点行业污染治理专项行动。对所有重点工业污染源,实行 24 小时在线监控。明确排放不达标企业最后达标时限,到期不达标的坚决依法关停。

三要强化机动车尾气治理。基本淘汰黄标车,加快淘汰老旧机动车,对高排放机动车进行专项整治,鼓励使用清洁能源汽车。在重点区域加快推广使用国六标准燃油。

四要有效应对重污染天气。加强对雾霾形成机理研究,提高应对的科学性和精准性。扩大重点区域联防联控范围,强化应急措施。

五要严格环境执法和督查问责。对偷排、造假的,必须严厉打击;对执法不力、姑息纵容的,必须严肃追究;对空气质量恶化、应对不力的,必须严格问责。

3. 绿色金融要发挥撬动作用。要实质性地改善我国环境,不仅仅要依靠更强有力的末端治理措施,还必须采用一系列财税、金融等手段改变资源配置的激励机制,让经济结构、能源结构、交通结构变得更为清洁和绿色,实现"绿色化"发展。总理在今年的政府工作报告在谈到"抓好金融体制改革"时首次提到"大力发展绿色金融"。

我国需要进一步建立健全绿色金融体系以推动经济向绿色转型,撬动社会资金引向污染治理和节能减排等绿色产业,促进产业结构调整,最终实现经济的可持续发展。

一是加大对绿色贷款的支持力度,完善贴息机制。对绿色贷款进行贴息可以用较小的财政资金撬动十几倍乃至几十倍社会资本。首先,加大对绿色信贷的财政贴息力度,提高贴息手段在节能环保类财政支出中的运用。其次,建立财政、银行、环保等多部门单位的信息沟通共享机制,理顺和打通绿色信贷与财政贴息决策机制。再次,合理划定贴息期限,根据绿色贷款项目的实际现金流情况,制定恰当的期限政策。最后,建立健全相关配套措施,为放贷银行提供一定的风险补偿、分担和奖励机制。

二是大力推动绿色产业基金发展。通过发展绿色产业基金,发挥资金配置的激励作用,进一步放大包括在环保、节能、清洁能源、绿色交通、绿色建筑等有显著环境效益的领域的投资。特别是建立PPP模式绿色产业基金,构建政府资本与私人资本之间契约明晰、责任明确、利益共享、风险分担的合作关系,调动社会资本的积极性,加大绿色产业的发展力量。

三是推动绿色债券市场发展壮大。坚持绿色发展理念,债券市场进一步服务绿色产业健康有序发展,助推我国经济发展方式转变和经济结构转型升级。强化绿色债券信息披露,严防

"漂绿"项目通过绿色债券获取融资。加强政策支持和引导,建立绿色债券审核的绿色通道,提升绿色债券发行的便利性。从监管、市场、技术等层面为各类主体投资绿色债券提供激励,推动绿色投资理念的深入,推动建立绿色投资者群体。研究建立以绿色债券指数为基础的绿色金融产品,扩大绿色债券的投资者群体。

四是做好全国统一碳市场的建设工作。中国是全球最大的温室气体的排放国,通过市场能够较为有效地推动碳减排。我国的碳排放总量超过 90 亿吨,这样一个巨大的量可能会带来上千亿的市场。建立碳市场后,会带来大量的资金流动和创新,预期规模超万亿人民币,为碳金融的发展提供广阔的天地,为碳减排提供更大的激励作用。全国统一碳市场启动将近,要做好市场假设工作,完善相关的制度设计及效果评估。1)做好政策评估,由相关政府部门、学术界、交易机构、第三方机构以及各试点市场、相关企业的代表参与,广泛征询搜集意见。2)增强碳交易管理办法的法律约束力,提高违约成本。严格市场的信息披露制度,提高市场透明度,增加政策长期稳定性和市场可预期性。3)加强与其他政策协调,如税收、节能减排和新能源政策等,避免各种政策之间相互冲突,同时在机制设计上注重各个政策相互促进的效果,形成共同推进绿色低碳转型的政策组合。

治理雾霾人人有责,贵在行动、成在坚持。各项部署和政策措施更注重落实和接地气,用人民群众对环境质量改善的感受作为政策措施好坏的衡量标准。通过行政、法律、技术、经济、金融等手段综合推进化经济社会朝着环境友好型方向发展,实现大气环境有效改善、"把雾霾关进笼子里",改善和维护我国群众的环境健康、为人民群众提供良好的生态产品、为建设生态文明和美丽中国作出新贡献。只要全社会不懈努力,蓝天必定会一年比一年多起来,"蓝天白云终可期"!

问题十
中国的世界地位怎样提升？

　　从国际局势来看，2016年世界发生了"大相变"。难民和债务问题搅动欧洲，终于引发英国脱欧等"逆全球化"事件的发生；自本世纪初开始积累的美国国内各种问题总爆发，年底的总统大选制造了前所未有的社会分裂。同时，世界经济增长低迷态势仍在延续，"逆全球化"思潮和保护主义倾向抬头，主要经济体政策走向及外溢效应变数较大，不稳定不确定因素明显增加。面临一系列挑战叠加的复杂国际环境，中国作为负责任的大国，认真履行作出的承诺，同时也坚决捍卫应有的权益，中国特色大国外交成效卓著。

一、中国特色大国外交战略

　　十八大以来，中国外交在以习近平同志为核心的党中央带领下，积极推动"一带一路"战略的实施，巩固多边主义合作机制,加强中国与世界主要大国的合作关系,深化中国与发展中国家的友好合作,攻坚克难,开拓进取,形成了具有中国特色的大国外交战略。三年里,中国稳步推进"一带一路"建设,落实了一系列"一带一路"重点项目,为沿线国家提供优质的国际公共产品,开创了国际经济合作的新模式。同时,作为世界上最大的新兴经济体,中国继续加强与其他经济体的合作,推进 G20 峰会的变革,落实金砖国家会晤机制,打造全新的全球治理框架。另一方面,中国与发展中国家关系继续深化。中菲关系雨过天晴,中国—东盟关系进一步巩固。中非合作取得丰硕成果,约翰内斯堡峰会成果正在得到全面和快速的落实。中国在享受全球化福利的同时也不忘与世界分享发展成果。

　　但是,当中国取得举世瞩目的外交成果时,也要清楚地意识到国际局势正在发生深刻的变革,中国外交面临的挑战与风险正在加剧。从国际局势来看,2016 年不能算是个好年景。恐怖袭击肆虐全年,袭击范围不断扩大;难民和债务问题搅动欧洲,终于引发英国脱欧等"逆全球化"事件的发生;自本世纪初开始积累的美国国内各种问题总爆发,年底的总统大选制造了前所未有的社会分裂。同时,李克强总理在《政府工作报告》中指出,世界经济增长低迷态势仍在延续,"逆全球化"思潮和保护主义倾向抬头,主要经济体政策走向及外溢效应变数较大,不稳定不确定因素明显增加。面临一系列挑战叠加的复杂国际环境,中国作为负责任的大国,认真履行作出的承诺,同时也坚决捍卫应有的权益,中国特色大国外交成效卓著。

当然,2017年也孕育着诸多机遇。中美关系如今正处于特朗普总统上台后的平稳过渡期,高层交流通畅,各项工作正在稳步推进。中美俄三角关系的博弈深刻影响着朝鲜、韩国与日本的外交政策,进而重塑东亚地区的安全格局。中东局势再次处于关键的十字路口,世界渴望中国在维护世界和平方面作出更多贡献。李克强总理强调2017年中国将扎实推进"一带一路"建设,加快陆上经济走廊和海上合作支点建设,构建沿线大通关合作机制。"一带一路"倡议将成为构建人类命运共同体的有益尝试,其首届国际合作高峰论坛也将在2017年召开。届时,相关国家将有20多位国家元首和首脑、50多位国际组织负责人、100多位部长级代表以及总共1200多位来自世界各国和各个地区的嘉宾齐聚北京,共商良策。2017年金砖国家合作机制将在轮值主席中国的引导下启动第二个十年。在金砖机制的"中国年"里,中国将和其他成员国一起稳定世界经济形势,继续充当世界经济的增长引擎。2016年的外交成果来之不易,2017年的外交形势仍旧严峻。即便如此,李克强总理也相信中国人民有勇气、有智慧、有能力战胜任何艰难险阻,中国的发展前景一定会更好。

二、变动的国际体系与稳定的大国关系

大国是世界舞台的重要力量,大国关系是国际关系的关键,

决定着国际体系的稳定与变革。过去一年,美国大选、英国脱欧和欧洲难民危机等变局的出现,使中美、中俄和中欧关系的发展趋势备受关注。

中美两国是具有全球性影响的大国,中美关系的重要性远远超越了一般的双边关系。维护好、发展好中美关系,不仅对两国来说至关重要,而且符合全世界的普遍期待和根本利益。国际体系的本质在于各主要国家行为体相对之间的彼此位置,及其变动过程。随着中国改革开放以来国际地位的不断跃升,引发了系统性的反应,尤其是作为现有国际体系领导者的美国的戒心。中国的社会制度和发展道路都与美国截然不同,需要加强双边理解,实现对于社会制度的不同和零和博弈的冷战思维的"两个超越",才有可能实现相互尊重、相互借鉴、和平共处、共同发展,避免掉入"修昔底德陷阱"。自 1979 年建交至今,中美关系已经走过了 38 年的风风雨雨,如何促使双边关系走向稳定而成熟的"不惑之年"将是中美两国的历史责任。

俄罗斯是中国最大的陆上邻邦。中俄关系 300 多年的发展历史表明,两国"和则两利,斗则两伤"。从相互视为友好国家到面向 21 世纪的建设性伙伴关系,从平等信任的、面向 21 世纪的战略协作伙伴关系到中俄睦邻友好合作,自 20 世纪 90 年代以来,中俄两国基于自身根本利益的需要不断加强双边合作。进入 21 世纪,中俄两国的新型大国间关系历经考验更加成熟和完善。2014 年 5 月,中俄关系提升至全面战略协作伙伴关系新阶段。经贸方面,两国在能源、交通运输、财金、高新技术、农业等领域均开展了紧密协作；政治方面，中俄总理定期会晤机制不断完善；安全方面，中俄警方联合打击"三股势力"取得了成效，发挥两国边界联委会和其他机制的作用，深化边界事务合作；外交方面，两国在很多国际问题上拥有一致的立场，主张严格遵守国际法原则，反对霸权主义的行径；文化方面，加强人文交流，重点实施《中俄人文合作行动计划》。目前，中俄关系正处于历史最好时期，两国间的互信也达到历史最高水平。

2015年5月，中俄两国签署《关于丝绸之路经济带建设和欧亚经济联盟建设对接合作的联合声明》。根据联合声明，俄方支持丝绸之路经济带建设，愿与中方密切合作，推动落实该倡议。中方支持俄方积极推进欧亚经济联盟框架内一体化进程，并将启动与欧亚经济联盟经贸合作方面的协议谈判。这一联合声明的签署预示着由中国倡导的"一带一路"战略与俄罗斯主导的欧亚经济联盟对接的广阔前景。"一带一路"与欧亚经济联盟的成功对接将首先在一定程度上抵消西方制裁的影响，促进俄罗斯经济的恢复和发展，也将给亚洲、欧亚地区乃至欧洲带来发展机遇。对于中—美—俄大三角关系，中国乐见俄美关系的改善，正如王毅外长所说的，"新时期的中美俄关系不应该是你上我下的跷跷板，三方应该一起做加法，而不是减法，应该一起谋共赢，而不是零和。我们认为三方完全可以通过良性互动、相互促进，来共同履行维护世界和平的义务，共同承担促进全球发展的责任。"

中欧建交已经42年，双边关系虽历经起伏，但持续向好发展。目前,欧盟面临着一系列困难和挑战,英国脱欧和对待难民政策的分歧削弱了欧洲的凝聚力。不过,换个角度看,这些难题也是欧盟更加成熟的契机。中国将继续支持欧洲一体化进程。中国重视欧洲的战略地位和重要作用,愿意同欧洲继续打造和平、增长、改革、文明四大伙伴关系;愿意同欧洲尊重和照顾彼此的合理关切,及时排除中欧合作的障碍;愿意同欧洲继续践行多边主义,推动世界多极化进程;愿意同欧洲共同提振世界经济、完善全球治理,促进经济全球化的健康发展。

三、全球治理的中国方案

2016 年是"黑天鹅"事件迭出的年份,世界融合发展的趋势遭遇挫折。在复杂严峻的大环境中,中国选择了应势而为,勇于担当,给国际社会带来了弥足珍贵的稳定和信心,更提升了中国的国际地位和影响力。李克强总理在《政府工作报告》中指出,面对世界政治经济格局的深刻变化,中国将始终站在和平稳定一边,站在公道正义一边,做世界和平的建设者、全球发展的贡献者、国际秩序的维护者。这一"三者"解读,是对"中国威胁论"的一次释疑解惑,更是对中国国家形象最为贴切不过的描述。过去一年,中国同主要大国协调合作得到加强,同周边国家全面合作持续推进,同发展中国家友好合作不断深化,同联合国等国际组织联系更加密切。积极促进全球治理体系改革与完善。推动《巴黎协定》生效。经济外交、人文交流成果丰硕。

2016年,中国成功举办G20杭州峰会,这是近几年来中国主办的级别最高、规模最大的国际峰会。本次峰会以"构建创新、活力、联动、包容的世界经济"为主题,达成了加强政策协调、创新增长方式、完善全球经济金融治理、重振国际贸易和投资、推动包容和联动式发展的五大"杭州共识"。面对世界经济增长乏力、逆全球化浪潮迭起、国际两极分化日益严重的挑战,中国向世界贡献出自己的发展经验和发展理念,为世界发展注入正能量。中国主张通过二十国集团合作建设各国共享的"百花园"而非经营自己的"后花园";勇做世界经济的"弄潮儿";让G20成为"行动队"而非"清谈馆"。杭州峰会对于G20实现从危机应对机制向全球治理长效机制的转变具有重要意义。中国推动峰会取得了一系列开创性、引领性、机制性重要成果,在全球经济治理中留下深刻的中国印记。

今年是金砖机制的"中国年",金砖国家领导人第九次会晤将由中国主办。包括中国、俄罗斯、印度、巴西和南非在内的金砖各国是当今世界最有代表性的新兴市场经济体,金砖国家合作是全球化发展和国际形势深刻变化的必然产物。然而,金砖机制运作伊始,国际上就有两种唱衰金砖的论调,即认为金砖国家实力下降且分歧过多、无法长久合作的"金砖褪色论"和金砖国家意图推翻现行国际秩序的"金砖威胁论"。不可否认,金砖国家之间的利益融合点与分歧点并存,但让金砖国家走在一起的是基于相同发展阶段的共同战略需求。正如习近平总书记所言,金砖国家就像五根手指,伸开来各有所长,但是攥起来就是一个拳头。只要五国团结一心,金砖不仅不会褪色,还会更加闪亮。另外,金砖国家并无意做现存国际秩序的"推翻者",但是全球治理也离不开金砖国家的参与。

王毅外长表示,今年的金砖合作将在政治安全合作、务实合作、人文交流合作和打造南南合作新平台四大方面取得新突破。探索"金砖+"的拓展模式,通过金砖国家同其他发展中大国和发展中国家组织进行对话,建立更广泛的伙伴关系,扩大金砖的"朋友圈"。作为主席国,中国将与其他国家一道共同打造第二个"金色十年",为世界和平与发展贡献"金砖方案"。在部分发达国家从全球治理领域撤回的情况下,中国勇于承担全球治理的重任,进一步完善金砖国家合作机制,致力于将其打造成为最具影响力的南南合作平台。中国坚定信心的背后是国际经济结构的深刻变革,新兴国家与发展中国家整体经济实力的上升,南南合作也应当获得更多的话语权。

四、"逆全球化"浪潮中的"一带一路"

2013 年 9 月 7 日,中国国家主席习近平在哈萨克斯坦发表题为《弘扬人民友谊 共创美好未来》的演讲,提出"共同建设'丝绸之路经济带'"。同年 10 月 3 日,习近平在印度尼西亚国会发表题为《携手建设中国—东盟命运共同体》的演讲,提出

"共同建设'21 世纪海上丝绸之路'"。"丝绸之路经济带"与"21 世纪海上丝绸之路"的倡议(简称"一带一路"),秉持"和平合作、开放包容、互学互鉴、互利共赢"的丝绸之路精神,坚持"共商共建共享"的合作原则,凭借广泛的参与主体与科学的实践理念,成为全新的全球经济与发展合作倡议。

面对"逆全球化"思潮的蔓延和全球民粹主义的抬头,"一带一路"战略在中国政府、中国人民以及全世界爱好和平发展国家的支持和推动下,以"政策沟通、设施联通、贸易畅通、资金融通、民心相通"这"五通"为核心,从无到有、由点及面,取得长足进展。习近平总书记指出,目前已经有 100 多个国家和国际组织参与其中,中国同 30 多个沿线国家签署了共建"一带一路"合作协议、同 20 多个国家开展国际产能合作,联合国等国际组织也态度积极,以亚投行、丝路基金为代表的金融合作不断深入,一批有影响力的标志性项目逐步落地。

李克强总理在《政府工作报告》中多次提及"一带一路"建设,肯定了在对外开放的大框架下"一带一路"取得的成果,同时表示中国将在保护主义抬头的背景下,把扎实推进"一带一路"建设作为 2017 年政府工作的重点,深化国际产能合作,带动我国装备、技术、标准服务走出去,实现优势互补。这充分显示了我国政府对于中国经济和国际合作的信心,以及中国在经济全球化遭遇挑战时的大国责任与大国担当。当然,这同时也表明"一带一路"倡议具有广阔的发展前景,受到了沿线国家的热情欢迎与鼎力支持。正如王毅外长指出,"一带一路"是各国撸起袖子一起干的共同事业,有助于推动经济全球化朝着更加普惠、包容的方向来实现再平衡,当然也将成为共建人类命运共同体的重要实践。

2017 年,"一带一路"战略的实施进入第四个年头,未知的困难与挑战考验着中国外交的韧性与勇气。不管国际局势如何变化,中国推动"一带一路"的步伐不会停歇。中国将以"一带一路"国际合作高峰论坛的成果作为新的起点,继续以"五通"为实施重点,坚持丝绸之路经济带建设和"21 世纪海上丝绸之路"建设两翼齐飞。同时,中国将依托国际大通道,以沿线中心城市为支撑,以重点经贸产业园区为合作平台,共同打造新亚欧大陆桥、中蒙俄、中国—中亚—西亚、中巴、孟中印缅、中国—中南半岛等国际经济合作走廊,并以重点港口为节点,共同建设通畅安全高效的商贸大通道。另外,"一带一路"倡议不是封闭的,中国完全希望在新的一年能有更多的国家参与"一带一路"的建设,扩大"一带一路"的朋友圈,共同为世界的和平与发展作出贡献,将"一带一路"打造成多方参与、互利共赢的全新合作平台。

五、未来外交展望

在今年的《政府工作报告》中,李克强总理充分肯定了过去一年里中国特色大国外交取得的成就,也对未来中国的外交工作做了新的展望与部署。这些成就与展望都离不开十八大召开以后，中国有声有色、亮点纷呈的外交新格局。王毅外长将这一格局概括为具有先进性、开拓性和稳定性的中国特色大国外交。

所谓先进性是指习近平总书记提出的一系列新思想和新理念，比如打造对话而不对抗、结伴而不结盟的伙伴关系，进而建立以合作共赢为核心的新型国际关系。在此基础上，又提出了共同构建人类命运共同体。这些新的思想和理念，既摒弃了结盟对抗的旧思维，也超越了零和博弈的老套路，具有鲜明中国特色，又具有重大世界意义。

其次，中国外交为国家和人民的利益积极进取，开拓创新。中国外交构建了覆盖全球的伙伴关系网络，为国内发展营造了有利的外部环境和战略支撑。中国外交推进"一带一路"倡议，开启了中国新一轮对外开放与互利合作的历史新篇。中国外交心系百姓，大力打造海外民生工程，有效维护了中国公民、企业在海外的正当和合法权益。

最后，面对动荡不安、战乱冲突频生的地区和国际形势，中国始终坚持走和平发展道路。面对质疑现有的国际秩序和国际体系的言行，中国始终主张在维护中加以改革完善的发展态度。面对"逆全球化"和保护主义思潮抬头，中国始终高举多边主义和开放包容的旗帜。中国外交的这种稳定性和确定性是大国应有的担当，不仅对冲了各种不确定性，也充分展示了中国的定力和自信。

2017年也许还会有更多的挑战和危机出现，中国一方面承诺坚定不移走和平发展道路，坚决维护多边体制的权威性和有效性；另一方面也会深入参与全球治理进程，反对各种形式的保护主义。"打铁还需自身硬"，中国坚持通过不断加强自身的能力来提高应对挑战的水平。我们将推动构筑总体稳定、均衡发展的大国关系框架，着力营造睦邻互信、共同发展的周边环境，全面提升同发展中国家合作水平。加快完善海外权益保护机制和能力建设。新的一年里，中国将会扎实推进"一带一路"建设以及完善金砖国家合作机制，进而巩固已经形成的中国特色大国外交。世界已经开始翘首企盼中国引领下的经济全球化新的征途。

附录一
解密"大家"傅莹：五年的"中国叙事"风

2017年3月4日午间，十二届全国人大五次会议新闻发布会落幕。这是傅莹女士出任十二届全国人大发言人的最后一年。五年，五场发布会，68次提问与应答，这可以看作中国最高权力机关的"形象代言人"与全国乃至全世界的互动，而贯穿68次问答的，是这五年的"中国故事"。在我看来，梳理五年来云集人大发布会的中外记者提问，以及这一任发言人的应对沟通逻辑，是近距离观摩一个时代中国官方叙事的捷径。如果说"被误读"是中国崛起面临的常态，那么直面外界"误读"背后的假设，呈现中国内部复杂迅速的变化和真实的内政外交构想，是过去五年人大发言人讲述中国故事的逻辑内核。

对过去五年发布会提问稍加统计可以看出：军费预算、大国外交、法治建设、人大监督、环保民生构成五年来人大发布会上的最高频提问。这也是国际舆论场上的中国常常面对的尖锐议题。面对这些议题，代表着中国最高权力机关形象的傅莹所展现的气度，不禁让人想起"大家风范"一词。在词典中，"大家"

这个词的第一义项就是"古代对女子的尊称"，而这，也正是"大家"的本意，就像汉代的"曹大家"班昭那样，以言行而流芳。傅莹以其旁征博引从容呈现的中国，正是通过重塑"中国故事"进而改变"中国想象"的一种历史过程。

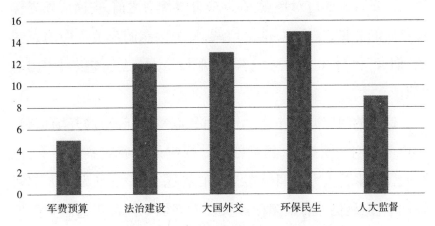

表1 2013—2017 年全国人大发布会上的高频提问

军费问题应对：刚风劲健，坦然纠正误读

君子之德风，"大家"总在不经意间展现出风范。在人大发布会上，中国的军费开支及其中影射的对外意图是外媒的最大关切。五年来 68 次提问中，军费问题从未缺席。2013 年，即傅莹担任人大发言人的第一年，路透社拿到外媒第一问，问中国军费的使用与规模。其后四年，中国国防开支与周边外交意图始终是人大新闻发布会的必答题。

这是中国崛起的整体语境。一个在几十年间改写世界经济实力对比的新来者，它的内部正在进行怎样迅速的变化，它的强大与复杂会给世界格局带来怎样的投影？

对过去五年人大发布会文字实录稍作文本分析，不难发现这一任发言人的应对特点：在回应外界忧虑之前，先回应外界忧虑背后的逻辑，是缓冲，也是坦诚，将中国意图与关于中国意图的"假设"区分开，并明示这样的"假设"本身已经构成对中国的"误读"。

这样的回应方式并非生硬，而是以平白、轻松的开场切题。2013年面对军费提问，傅莹的第一反应是，"我观察了一下，这个问题似乎是人大新闻发布会的必答题，前面几任发言人都回答过了，但是仍然有很多国际关注。好像中国每年都需要向外界解释为什么我们要加强国防建设。"

2015年，她在正式切题前再次提到，"每次外媒都要问军费，据说我的前任也是如此，前任的前任也是如此，好像据说是外媒到我们这个发布会来，主要关心的就是军费。而且在人大之前，他们的文章早早地都写好了，中国军费如何如何，就等着今天这个数。"

到了2016年，傅莹回应军费预算的第一句是，"我们整个预算的大盘子是明天提交给人大代表，我每年都解释，外媒在我的记者会上希望早点拿到军费预算的数据，但是我提前讲单项预算又有抢跑之嫌，但是我要不讲，你们是不是有点心塞，所以我还是给你一个大致的数。"

在 2017 年最后一场发布会上，傅莹在回应其他问题时仍不忘带过"军费必答题"这个梗。

刚风，意思是高天强劲的风。傅莹的逻辑推挡方式并不妨碍正式回应的坚定果毅，正如刚风之劲健。她以平白、家常的方式，于谈笑间明示，对中国军费的过度忧虑本身即是一种"误读"。

外交问题应对：惠风和畅，坚守"和平"逻辑

过去五年，外界关于中国外交政策的尖锐讨论不绝于耳。单在人大发布会上被明确问及的就包括中美关系、美国的亚太存在、中国的海洋蓝图、南海问题、中日摩擦、朝核问题等。2017 年发布会，特朗普就任美国总统后的中美交往与博弈被多次问及。

纵览过去五年，"和平"一词在发言人的相关回应中共出现 39 次。其中 2015 年、2017 年相关提问相对较少，但"和平"一词仍分别被强调 2 次和 1 次。这是发言人在处理外交关系提问时始终返回的逻辑核心。"和平"背负的不仅是对未来的愿景，也是中国人的历史记忆。

和平外交是中国的一贯原则，而傅莹也以惠风和畅的风格，讲述着中国外交的故事。在五年间的发布会问答中，对棘手的外交话题的回应围绕"和平"这一内核自由延展。应答提问的方式可以和风细雨，站在对方的体系里思考，理解预判甚至误读

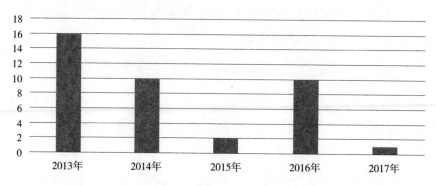

表2　2013—2017 年全国人大发布会上发言人使用"和平"一词的频次

中国的传统逻辑;也可以措辞强硬,明确指出何种情况下中国必须果断应对、面对和处理。但中国释放的信号始终是"和平",守护秩序、守护共识,以和平的智慧与初心终结"强者必霸"的历史。"和平中国"是五年间一再重复的叙事逻辑。

法治问题应对:候风有信,传递法制精神

对于一个现代化进程中的国家而言,法治化应是不可逆转的选择。乡土中国与现代中国并存的两副面孔,本身即意味着中国法治建设的任重道远。全国人大作为最高立法机关,在法制体系建设中的作用不言而喻。犹如依季节而来的信风,作为最高立法机关的发言人,傅莹在回应中国法治问题时,强调以法治思维与法治的方式应对国家治理,体现出立法机关的公信力。与此同时,她从更微观、具体的法律层面切入,以她眼中的实际

立法与执法情况来讲述一个制度化进程中的中国。

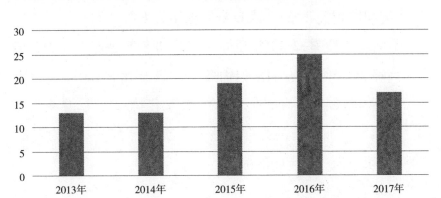

表3　2013—2017年全国人大发布会上发言人提及具体法律书目

　　2013年,面对反腐提问,傅莹以探讨刑法、刑事诉讼法、公务员法、反洗钱法、政府采购法、招投标法来讲述防腐、惩腐的法治思路。2014年,面对信访问题提问,她列举行政诉讼法与行政复议法将信访问题纳入法制轨道,清除"民告官"的阻碍。2015年,面对人大立法权虚置的提问,她分享立法法修正案草案审议作为大会议程的进展。2016年,面对民法典编纂问题,她细致梳理几代立法人推进民法典编纂的历史与决心。2017年,她就老龄化、农村留守儿童等社会趋势,对民法典相应制度编纂方向进一步说明。在国家监察体制问题上,她指出把行政监察法修改为国家监察法的工作已经开始,凡属重大改革都要于法可依的精神必须坚持。

　　观察统计五年间人大的立法修订工作本身,我们可以看出这一届立法者的着力点。其中,民生问题受力最重,相关法律法规达88条;其次是依法治国相关,即与法治建设本身相关的法律法规高达 18 条;和平崛起相关法律法规 14 条;税收相关 5 条;香港问题相关 2 条;人大自身完善相关 1 条。

从时间维度看,2013 年后立法工作进程提速显著,2015 年抵达高峰,2016 年稍有回落但仍高于 2014 年水平;2017 年刚刚开始,相关进展较少。期待今年的立法工作持续推进,并朝着不同立法领域更加均衡的方向调整。法治的定力需要魄力与决心,更仰赖一步一个脚印的前行。

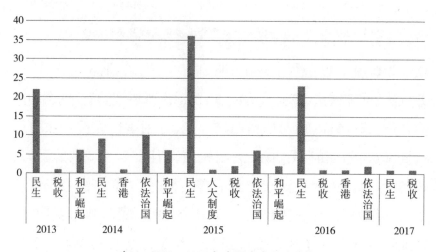

表 4　2013—2017 年全国人大立法分布

"橡皮图章"问题应对:薰风解愠,让质疑脱敏

2013 年人大发布会的最后一问来自 CNN,问题直向中国政治体制改革滞后。发言人的应对之策是正面回应。她坦诚分享

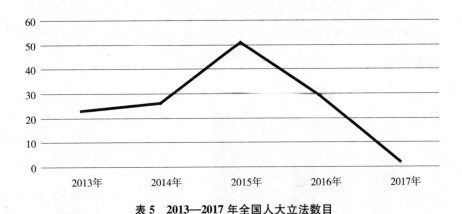

表5　2013—2017年全国人大立法数目

自己与国外朋友对中国政治体制改革的探讨,以"一家之言"传递道路自信。五年来,关于中国体制的提问从未间断,尤其包括对人大自身监督体制有效性的质疑。傅莹以实例讲述相关制度的改进修复,将问题摊开——回应。"南风之薰兮,可以解吾民之愠兮",这是五帝时的舜帝所作,其中倡导的,正是面对敏感质疑,要以薰风的热情去直面化解。

2013年,面对人大代表构成的提问,她不回避提问背后对人大选举过程的疑虑。除了回答具体数字,她指出当年人大选举即按照2010年新选举法产生,城乡之间按相同人口比例选举人大代表,以期朝人人平等、地区平等及民族平等的方向努力。2014年"两会"前出现衡阳代表贿选丑闻,傅莹在当年发布会上正面回应,提出人大绝不姑息养奸,依法选举得从基本基层做起。2015年,有记者就39位人大代表被免职发问,她指出有39位被终止代表资格正是反腐与监督的结果。2016年,她细数人大对"一府两院"监督的六部曲,讲述监督链接中的近年创新,以直面质疑、摊开问题为体制问题"脱敏"。2017年,她介绍国家监察体制改革的实质动作,将其称为具有全局性影响的政治体制改革。

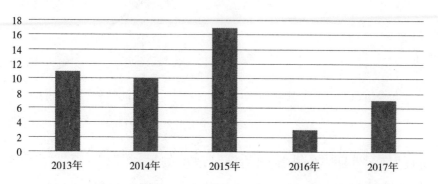

表6　2013—2017年全国人大发布会上发言人提及环境与环保次数

雾霾问题应对:柔风轻拂,女性的视角

在五年发布会的民生问题中,雾霾与环保是高频词。如傅莹在2017年发布会上所言,如果说军费是每年外媒抛出的必答题,雾霾则是中国媒体聚焦的必答题。对中国而言,雾霾和环保问题是生活化的烦恼,也是中国现代化进程中的宏大议题。发言人以生活化视角切入,以私人思考带出社会发展的脉络。

这一私人化视角被不止一位上会记者提及:发言人自曝自己与女儿的口罩,她早上拉开窗帘的感慨,以及从前在兵团劳动时不曾留意的蓝天白云。她不讳言"人大环资委主任委员很少笑,我认为他压力山大"。在讲述环保立法、治污行动之前,发言人首先以私人视角坦承问题,分析问题,犹如柔风轻拂,这在当下中国的政府公众沟通中并非典型思路,却被证明有效的路径之一。

结语:春风风人

2013 到 2017 年,是世界格局历经深刻转型的五年。在这面时代大幕前,作为中国一年一度最繁忙政治季节的发言人,傅莹更多呈现的是和煦春风、平白家常。她不刻意强调中国之大、之强,转而坦率剖析它面临的关切、烦忧,它日渐发展时邻人的好奇与预判,沸议与围观。她讲述的是一个因其迅速变化而被误读的中国,一个被误读但坚持自己道路的中国,一个因为背负历史记忆而信守和平智慧的中国。春风风人,夏雨雨人。她的讲述不动声色,不着痕迹,却尽显一个大国的气度风华。

在五年来的最末一场发布会中,傅莹称,希望在场的世界媒体多了解中国的"新故事",同时称中国人自己亦需努力,使更多讯息通达国际。傅莹式"中国叙事"仍在进行。

(中国人民大学重阳金融研究院宏观研究部副主任 陈晨晨

本文刊于 2017 年 3 月 4 日环球网、中国网等)

附录二
"肖捷风格"：新财长如何传递中国信心？

　　3月7日上午的十二届全国人大五次会议记者会,堪称财政部部长肖捷在公众面前的"首秀",从2016年11月7日上任算起,这一天正好是四个月。年度、季度、月,是财政的三个重要节点,这位新财长上任刚刚一个季度加一个月,却要面对上一个年度的总结,以及一个新的年度的展望。在财政可持续性受到社会强烈关注、"营改增"全面推广涉及每个企业、个人所得税改革又引起全民热议的背景下,新财长将以什么样的风格把控中国财政的方向盘,着实令人期待。

　　一个半小时,11个问题,涉及个税改革、政府与社会资本合作(PPP)、地方债、教育经费、骗补、减税降费、营改增、赤字、企业税负、精准扶贫、养老金缺口等重大财政议题,每一个都堪称尖锐。把这些问题联系起来,其实就是中国财政状况的全貌,背后是"中国的日子过得如何、能否持续"的根本问题。而对这些问题的回答,实际上不仅要从财政角度,更要从经济与社会运行方式的深度,才能做到鞭辟入里。释疑解惑间,肖捷用平实而不失幽默的语言,展示出一位大国财长的清新风格。仔细揣摩其答问,却可以看到其中有着一以贯之的思路,有着一种哲学式内在意蕴,而这又从三个方面呈现出来:亲民、务实、放心,堪称"肖捷风格"。

亲民:呈现财政本质

财政涉及每一个人,甚至每一个经济行为,而其原理却又深刻复杂。这就需要以尽可能通俗的语言,去阐明财政政策背后的思路,做到"听得懂",也是能够在社会中"行得通"的保障。记者会上呈现出的"肖捷风格","亲民"堪称贯穿始终。

首先,语言接地气。"接地气儿"的语言,在整场记者会中,可谓应接不暇。例如,在回答地方债问题时,肖捷用"开前门"和"堵后门"说明了如何"把债务风险关进笼子里",使听者容易明白"合理安排地方新增的债务规模"以及"严格落实地方政府债务限额管理和预算管理制度"的作用所在。说到新能源汽车企业中存在的骗补现象时,肖捷说"财政补贴资金不是'唐僧肉'",直指骗补现象产生的动机。在论述企业减负时,肖捷以"放水养鱼"为比喻,阐发出不仅要看到眼前的小账,更要算经济发展的大账,给企业减负才能为市场加油的大道理。接地气的语言,使财政中的道理显得不再枯燥,有人气、近人情。

其次,思路近人情。语言的近人情,源于思路的近人情。在谈到个税改革时,肖捷说基本考虑是将部分收入项目,比如工资薪金、劳务报酬、稿酬等,实行按年汇总纳税,还将适当增加与家庭生计相关的专项开支扣除项目,例如减轻有关"二孩"家庭的教育等支出负担。在讲到进城务工人员随迁子女教育问题时,肖捷说:"农民工渴望融入城市,全家人一起享受亲情,这个愿望我们应当帮助他们实现。"近人情的思路,折射出政策设计背后的思考过程,而这些思考过程,根植于社会与民生。

最后,说理有耐心。思路近人情之外,说理有耐心也是"肖捷风格"的一大亮点。在阐述"营改增"时,肖捷不但从税制本身、促进产业升级、促进产业结构优化三方面详细解释了营改增的意义,并且细致入微地说明了为何营改增可以催生新业态和新的商业模式不断出现,并且推动产业结构升级。对于外媒记者所问的中国财政预算是否存在不透明之处,肖捷的解答也耐心细致。

语言接地气、思路近人情、说理有耐心是外在表现,而内在的,则是财政的本质。财政,古代属于"户部",关切在于社会与民生运行。财政不仅有大量直接涉及民生的工作,其余的也需要阐明政策在社会中的作用机理,这样方能呈现财政的本质。

务实:体现财政规律

财政运行于社会之中。唯有阐明社会,才能解释财政。通过阐明对影响政策制定的要素以及制约政策目标的因素,可以看到肖捷务实的工作风格。在个税改革、PPP和财政收支矛盾三个问答中,我们可以从肖捷的务实风格中,更深入地理解到财税改革的推进进程。

有些改革,需要的前期准备工作量,可能超出通常想象,需要务实地说明。个人所得税制度改革,增加税前扣除的一些专项项目,就需要相对成熟的社会配套条件,比如税收征管部门需要掌握与纳税人收入相关的涉税信息,以保证新的个人所得税制度改革能够顺利实施。

有些改革,社会需要的磨合适应过程,可能超出通常想象,需要务实地解释。像受到广泛关注的PPP"落地慢"问题,实际上与PPP在中国还处于探索阶段有关,各方面对PPP的认识和实践能力的提升,都需要一个过程。肖捷提供了一个数据来做解释:从财政部示范项目落地的情况看,第一批示范项目的平均落地周期大约是15个月,也就是一年零一个季度。第三批示范项目的平均落地周期已经减少到11个月,也就是说,第三批和第一批相比,落地的周期已经缩短了4个月。

还有些改革,确实面对一些困难局面,可能超出通常想象,对此,肖捷也不回避,务实作答。例如在财政收支矛盾问题中,中国面对的局面就是今年既要实施减税降费政策降低企业负担,又要保证重点领域的支出,财政收支平衡的矛盾和难度都很大。如何做到预算收支平衡? 肖捷坦率承认:很不容易,只能在预算的安排上想尽各种办法做好"加减法"。

实际上,随着中国经济的升级,很多像PPP这样的事物确实代表着改革措施的落地复杂性增加;而在经济增速面对下行压力的大环境下,"管钱"的工作也必然要面对更多困难。这时,财政部长的务实风格,就更加需要展现出来,以期社会认可。

放心:掌舵财政运行

财政是一个管理过程。根本上说,最重要的是要做到让老百姓"放心"。

当前,舆论对财政的稳定性、可持续高度关注,在中国政府债务方面尤显突出。有的报道甚至冠以"中国债务占GDP比重超过200%,超过美日水平"等耸人听闻的标题。

肖捷在回答地方债问题时指出:当前我国政府债务风险总体可控,因为我国政府的负债率并不高。去年末,我国中央和地方政府的债务余额约为27.33万亿元,按照国家统计局前不久公布的去年GDP初步核算数计算,负债率约为36.7%。根据我们的预测,预计到今年底,负债率也不会出现太大的变化,如果与国际水平相比,应当说中国政府还有一定的举债空间。

而人大重阳的研究也支持这一点。所谓"中国债务与GDP之比超过200%",指的"债务"其实是"整体债务",即中国全社会的债务,不仅包括了国债与地方政府债,更包括了资产负债表外的负债,即所谓"影子银行信贷"。这么算,中国在2017年1

月债务与 GDP 之比为 217%,但若按照统一标准比较的话,美国在 2016 年第三季度时,仅其信贷市场未偿债务额便已达到 657441.73 亿美元,这样计算下来,美国的负债率高达 360% 以上,这还不是其"整体债务"!而要算国债比例的话,美国联邦政府负债率为 106%,而中国中央政府负债率按相同标准来算仅有 21%。

肖捷指出,除了要看债务规模,还要看债务是否有能力偿还。中国政府举债筹集的资金不是用于给公务员发工资、搞福利,而是形成了有效投资,这些投资又相应形成了优质资产,也就是说,债务是有资产对应的。

通过这样坚定的表达,肖捷传递出中国经济的信心、底气所在。可以说,财政工作事关大局,"不当家不知柴米贵",这就是说"当家"这个大局要搞好,财政工作首先得做好,不能让任何人买不起"柴米"。中国正在进行宏大的财税改革,从根本上说,这是中国经济转型升级的必然要求。只有财政改革做到让百姓放心,全面建成小康的冲刺才有保障;而放心的前提,是务实,务实的前提,是根本在民。新财长的风格,为什么受到如此高度的关注,从这个意义上也就更容易理解。

（中国人民大学重阳金融研究院宏观研究部主任、研究员　贾晋京

本文刊于 2017 年 3 月 7 日人民网）

附录三
"男神外长"王毅：记者会透出的
五点不易与从容

2017 年 3 月 8 日,北京是个春光烂漫的好天气。像之前三年的每一个国际妇女节一样,王毅以对广大女性的节日问候作为外交部新闻发布会的开场白。外交部的记者会受到的关注极高,不仅因为外交工作的特殊性,还因为王毅部长在广大年轻网民当中声望极高,甚至超越了国界的限制,向有"男神"之称。外交部长记者会的报名如此热烈,以至于主办方不得不转换会场,增加座椅,驻华主流外国媒体也悉数到场。

在如此之高的国际和国内关注度背后的事实,是国际社会在 2016 年一场又一场"黑天鹅"事件不断冲击下,自然而然地趋向于寻求稳定与和平的力量。结合过去一年来对于国际局势的切身体会与反复思考,我从此次记者会上看到的却不仅是王毅部长的从容淡定,更多的则是作为一个大国外交部掌门人的诸多不易。

第一个不易是世易时移,旧经验解决不了新问题。2016

年,危机挑战层出不穷,国际局势"乱"字当头。恐怖袭击肆虐全年,袭击范围不断扩大;叙利亚战火频仍,大中东和平依旧遥遥无期;难民和债务问题搅动欧洲,英国脱欧和极右翼势力登台沉重打击了欧盟的一体化的努力;自上世纪末开始积累的美国经济与社会问题都到了极限,年底的总统大选制造了前所未有的社会分裂;而邻近的朝鲜半岛南北两侧爆发了一系列的突发性事件,严重破坏了地区和平与稳定。同时,自2008年金融危机以来的世界经济低迷态势仍在延续,"逆全球化"思潮和保护主义获得了越来越多的信徒,甚至于一直被奉为圭臬的多边主义和多边机制都开始遭遇质疑。这些国际局势的相对"变量"和相对"常量"结合在一起,给王毅主掌的中国外交提出了极大的挑战。

王毅在此次记者会上表示,中国仍然坚持自改革开放以来始终坚持的和平发展道路,坚持要在改革中对现有国际机制加以完善;不要另起炉灶,而是要做现行国际多边体系的维护者和改革者。针对乱云飞渡、人心思变的国际局势,中国要保持外交政策的稳定性,这一份定力折射出来的是中国的大国责任与定力。稳定不等于死板,而是要在改革中不断探索与完善。与王毅履新外交部长同一年提出的"一带一路"倡议,在他身体力行的推进下已经取得了令人印象深刻的成果。作为塑造经济全球化再平衡的有益尝试,"一带一路"倡议着眼于为世界提供最受欢迎的公共产品,最终建立全球命运共同体。其推进工作涉及数十个国家发展战略的对接,政策共识的建立和重点项目的落地,不仅其视野和高度超越了之前各国提出的国际发展战略,其工作量和复杂性也是世所罕有。

第二个不易是零和博弈,大国政治难避"修昔底德陷阱"。中国的国际地位不断跃升,引发了系统性的反应,尤其是作为现有国际体系领导者的美国的戒心。滥觞于西方固有的线性思维和进步史观,美国主流的现实主义国际关系思想始终认为在守成的大国和崛起的大国之间必有一战,也必然会有一方替代另一方的生死争夺,亦即所谓的"修昔底德陷阱"。国际体系的本质在于各主要国家行为体相对之间的彼此位置及其变动过程。大国关系犹如一场马拉松,处于第二位的选手最难自处。是跟随还是超越?什么时间选择加速?面对建议自己"陈桥兵变,黄袍加身"的"小兄弟"时应该如何?这些都是极为微妙的战略抉择。所谓"增之一分则太长,减之一分则太短",考验的是作为中国外交当家人的智慧与定力。

假如中国如同美国一样坚持使用零和思维来思考双边关系,那么就难以避免大国政治的悲剧。对于中国这样一个从文化到种族上都与西方异质的东方古国,如何向西方世界解释我们的想法和立场,如何加强中美双边的理解更加困难。王毅在此次记者会上用了充满东方韵味的典故——"三十而立,四十不惑"——来梳理38年以来的中美关系,提出双方既要超越对于社会制度和发展道路的窠臼,也要超越对于冷战思维与零和博弈的纠结,要以长远的眼光来处理这一世界上最为重要的双边关系。双方要不断把蛋糕做大,而不是纠结于相对收益的变动,最终形成一个稳定而成熟的中美关系,为世界提供和平与稳定的力量。

第三个不易是国力上升,老朋友和穷亲戚如何维系。继2011年成为世界第二大经济体以来,中国的综合国力的迅速上升,引发了广大发展中国家的疑虑。中国国内生产总值2016年已经达到74.4万亿元,对全球经济增长的贡献率超过三成。中国新设立外商投资企业和实际使用外资额相比同期均有所增加,对全球164个国家和地区非金融类直接投资累计1701亿美元,已经成为全球主要投资来源国之一。这一系列耀眼的成绩单带来的并不一定是外交上的优势地位。作为一名长期关注和工作于亚非地区的发展经济学研究者,我发现不少国家都认为中国已经不能算是发展中国家,一些"老朋友"也觉得中国已经变了。如何在国际责任和国内现实中实现平衡,既不过于增加中国的负担,也能够力所能及地帮助其他欠发达国家发展,这给王毅领衔中国外交团队提出了另一个挑战。

此次记者会上,王毅部长花费大量的时间来解释中国对非洲和东南亚国家发展的支持政策,并且提出把金砖国家合作机制打造成最具全球影响力的南南合作平台。中国发展了,也不会忘记帮助过我们的老朋友和依旧有着各种困难的穷亲戚,而是要不断加强亚非拉国家之间的团结协作,不断增强新兴市场国家在全球议程中的话语权和影响力。对此,王毅的明确立场给出了说服力很强的答案。

第四个不易是夙兴夜寐,领事保护和经济外交不断延伸。

随着中国深度融入全球化,领事保护和海外经济利益使得外交部原有的工作量几何乘数累积。中国企业和中国人已经遍布世界,甚至某一个不知名的非洲村落里面都会有一个中国人经营的小商店,这就给中国的领事保护工作增加了极大的压力。2016年中国内地居民每年出境人次已经超过1.2亿,而且连续6年年增1000万人次;仅过去一年,外交部和驻外使领馆就处置了超过10万起领保案件,从局势动荡的南苏丹安全撤离了1000多名中国同胞。另一方面,全球经济已经进入产业链布局时代,国际产能合作与基础设施建设,需要大量的经济和公共外交支持,这也给外交工作增加了很大难度。

而且,中国外交的行政资源与其他大国相比仍然有限。不仅外交人员数量与美国外交系统(包括外交部和国际开发署)难以比拟,在我走过的大多数亚非国家里,中国大使馆的规模也只有美国使馆规模的几分之一,更何况美国外交还可以获得遍布全球的军事基地等"硬实力"的支撑。即使面临资源的限制,"男神"部长仍然坚决,"不管遇到什么样的困难和挑战,我们都一定要把领保工作越做越实、越做越好,让党中央放心,让老百姓安心。"

第五个不易是民意表达,新媒体发展带来全新挑战。近年来,新媒体和自媒体的爆发式发展已经成为各国外交部门都不得不面临的挑战。对中国而言,不仅民意的输送渠道和表达方式发生了极大的改变,而且国人越来越希望国家在面对无端指责、猜测与争议时,更多地表现出大国的自信和责任。对此,王毅表态要赶上这股潮流,要通过新媒体,第一时间把国际时事、领事保护、对外合作等民众关心的资讯"送货上门",要快速地回收各种意见建议,甚至是"吐槽"。目前,"外交小灵通"已经拥有了1200多万"通心粉",外交部以及驻外使领馆开通了130多个新媒体账户,其中就包括人气很高的"领事直通车"微信平台。新媒体已经让中国外交"更接地气、更有人气",在外交部和社会公众之间架起了一座更为直接的互动桥梁。

虽然面临着如此之多的不易,2016年以来,中国特色大国外交仍然取得了丰硕的成果。特别是"一带一路"相关工作扎实推进,一系列重大项目已经或者正在落地,"一带一路"的朋友圈不断扩大,不仅接到了来自拉丁美洲和南部非洲各国的"好友申请",联合国等国际组织也公开表达了热烈支持。

一场新闻发布会,各国网民看的是"外交男神",考虑的却是中国这个国家下一步的走向。一篇小文,谈的是掌舵大国外交的不易,看不到的则是中国外交战线上千千万万个普普通通、夙夜为谋的身影。幸运的是,中国老百姓越来越理解他们的不易,也给予了他们越来越多的支持。每当有一位中国外交官在国际场合为国据理力争,在社交网络就会多一位外交偶像。傅莹大使多年前早就晋升"女神"地位,华春莹发言人也在网上收获了一众粉丝,而就在几天以前,中国常驻联合国代表刘结一大使就因为一段脱稿发言而同样获封"男神"称号。

王毅履新外长的四年,很短,也很长。这四年里中国堂堂正正地走向世界舞台的中央,开始提出自己对于世界局势和国际体系的看法,提出自己全球治理的方案,这是 21 世纪之前的中国外交所难以想象的画面。而这一个个外交"男神"和"女神"们,就是这些中国看法和中国方案的执行者。

2017 年,愿他们能够少些不易,多些从容,也期待中国外交能够不负期待,继续输送和平发展的正能量和全球治理的新动力,同时也做好全球增长的发动机和国际局势的稳定锚。

（中国人民大学重阳金融研究院副研究员　程诚

本文刊于 2017 年 3 月 8 日环球网、中国网

后　记

读懂、读透政府工作报告,是理解每一年政策框架的基础。而解读政府工作报告,也是每年摆在智库面前一项重要工作。在宏观调控创新的时代,怎样使解读政府工作报告的方法,跟得上时代,并且推陈出新? 对于这个问题,我们经过内部讨论认为:要向人大代表们看齐,带着问题去听、去读。全国人民代表大会是最高国家权力机关,政府工作报告是政府的"年度述职",因此,人大代表们的角度,就是要看政府的工作做得怎么样,对于国家发展中的重大问题,做出了怎样的回答。

接下来的问题就是:带着哪些问题去听、去读呢? 我们认为有十个问题需要听明白。首先是全局问题——经济增速稳得住吗。其次是在农业供给侧改革之年的重中之重——吃饭大事。接下来是在 2020 年全面建成小康社会"倒计时"阶段事关"全面"的大事——全国各区域怎样发展。此外,有关工业、房价、民生、供给侧改革、金融形势、环保和参与全球治理的问题,也是关系国计民生的大事。弄清楚了该带上哪些问题之后,我们做了关于这些问题背景情况的功课,算是"题干"。在总理做了2017年政府工作报告之后,第一时间我们把听到的答案记了下来,并联系"题干"做了初步分析,做了一份题为《2017政府工作报告讲的十大难题,怎么解决?》的长篇解读,于2017年3月5日发表在观察者网、中国网、环球网等多家媒体上,并获得了广泛反响。但我们仍有些意犹未尽的感觉,觉得其中很多关键点还没有说清、说透。

承蒙人民出版社抬爱,敦促我们将其尽量说清,并整理成书,这才有了这本书稿的问世。

本书课题组的执笔人有:王文、贾晋京、杨凡欣、万科麟、程阳、相均泳、李下蹊、周西蒙、刘典、郭靖媛、展腾、刘英、卞永祖、曹茂竹、曹明弟、张泽宇、黄新皓、程诚、范志毅。

责任编辑:曹 春
装帧设计:木 辛
责任校对:吕 飞

图书在版编目(CIP)数据

破解中国经济十大难题/中国人民大学重阳金融研究院 著. —北京:
  人民出版社,2017.3
ISBN 978－7－01－017534－8

Ⅰ.①破… Ⅱ.①中… Ⅲ.①中国经济-研究 Ⅳ.①F12

中国版本图书馆 CIP 数据核字(2017)第 050815 号

破解中国经济十大难题
POJIE ZHONGGUO JINGJI SHIDA NANTI

中国人民大学重阳金融研究院 著

人民出版社 出版发行
(100706 北京市东城区隆福寺街 99 号)

北京盛通印刷股份有限公司印刷 新华书店经销

2017 年 3 月第 1 版 2017 年 3 月北京第 1 次印刷
开本:710 毫米×1000 毫米 1/16 印张:9.25
字数:92 千字 印数:00,001-20,000 册

ISBN 978－7－01－017534－8 定价:26.00 元

邮购地址 100706 北京市东城区隆福寺街 99 号
人民东方图书销售中心 电话 (010)65250042 65289539